52주 신바람 구역공과

제자로 세우는 구역 3

"그러므로 너희는 가서 모든 족속으로
제자를 삼아 아버지와 아들과 성령의 이름으로
세례를 주고 내가 너희에게 분부한 모든 것을
가르쳐 지키게 하라" (마 28:19-20)

52주 신바람 구역공과

제자로 세우는 구역 3

조종제 지음

Grace 은혜출판사

머리말

연말이 되면 많은 목사님들이 내년에는 어느 교재로 성도들을 교육하며 훈련시킬 것인가 좋은 교재를 찾기 위하여 인터넷을 뒤지며 서점을 찾습니다. 물론 교단에서 나오는 공과들을 사용하는 교회들도 많이 있겠고 나름대로 담임 목사님이 편집하여 만든 자료를 사용하는 교회들도 있습니다.

필자도 교단에서 교단 공과를 집필하였고 교단의 교육정책에 따라 교단공과를 사용해 오다가 때로는 교회 실정과 목회자의 비전과 이상에 맞는 교재의 필요성을 느끼곤 하였습니다. 그래서 서점에 나가 이 책 저 책 뒤져보며 고민할 때가 한 두 번이 아니었습니다. 서점에 가보면 많은 구역공과들이 있습니다. 나름대로 특징들이 있으며 유익한 공과들입니다.

필자는 선교 1세기 동안 급성장하므로 세계교회의 성장모델이 되어온 한국교회가 선교 2세기에 접어들면서 정체되고 침체되며 이단들에게 넘어가고 내외적으로 위기를 맞고 있는 원인 중 하나는 성도들을 바르게 양육하지 못하므로 믿음과 생활이 이원화되고 빛과 소금의 역할을 감당하지 못한데도 주요 원인이 있다고 봅니다.

이에 필자는 성도들을 체계적으로 교육 훈련시켜 교회에 일꾼이 되고 세상을 정복하며 세상에 나가 빛과 소금으로서의 사명을 감당케 할 새로운 교재의 필요성을 깨달아 금번에 제자로 세우기 위한 공과를 집필하게 되었습니다.

본 교재는 내용면에서 개혁주의 신학에 입각한 성경적이며 체계적이고 또한 쉽게 이해하고 적용할 수 있도록 꾸며진 것이 특색입니다.

본 교재는 3권으로 구성되어 3년간에 걸쳐 기독교의 핵심내용들을 체계적으로 다루고 생활에 실천하며 적용하도록 하였습니다. 본 교재를 사용하는 교회마다 주님의 신실한 제자들이 세워지기를 기도드립니다.

성문목장에서

저자 조종제 드림

본 교재의 특징 및 활용법

◈ 본 교재의 7대 특징

1. 본 교재는 구역원 (셀그룹 속회원)들을 제자로, 교회의 일꾼으로 성장시키기 위하여 성경의 핵심내용과 기독교의 진리들을 테마별로 체계적으로 꾸몄습니다.
2. 각 과마다 주옥같은 예화와 생각하기를 넣었습니다.
3. 단원마다 말씀을 찾고 생각하며 함께 나누도록 하였습니다.
4. 말씀을 삶에 어떻게 실천할 것인가를 나누도록 하였습니다.
5. 오늘 말씀을 통하여 주시는 교훈을 나누고 회개하며 다짐하고 기도하도록 하였습니다.
6. 강단에서 설교용으로도 활용할 수 있습니다.
7. 인도자가 인도하기 쉽도록 성경 본문과 찬송을 넣었습니다.

◈ 교재 활용 인도법

1. 먼저 인사를 나누며 서로 축복합니다.
2. 정해진 찬송이나 또는 본인이 원하는 찬송을 합니다.
3. 함께 신앙고백을 드리거나 한 사람이 대표기도를 합니다.
4. 성경을 다 같이 읽습니다.
5. 생각하기 부분을 구역원에게 읽게 합니다.
6. 말씀 속으로는 단원별로 한 단원씩 읽고 성경을 찾아 읽게 합니다.
7. 나눔의 시간은 오늘 말씀을 통하여 깨달은 점, 교훈 등을 나눕니다.
8. 실천하기는 오늘 말씀을 어떻게 실천할 것인가를 서로 나눕니다.
9. 결단 및 기도시간에는 오늘 말씀에서 말씀대로 살지 못했던 것들을 찾아 회개하며 말씀대로 살 것을 다짐하며 기도합니다.
10. 감사 및 알림에서 감사예물을 드리고 헌금기도를 한 후 교회의 중요한 소식과 구역원 소식, 다음 모임 등을 전달하고 찬송을 드린 후 주기도를 드림으로 마칩니다.

차 례

머리말 4
본 교재의 특징 및 활용법 6

1.제자와 새출발

1과 뜻을 정하자 · 10
2과 새 사람 새 생활 · 14
3과 예수를 바라보자 · 18
4과 부름의 상을 위하여 · 22

2.제자의 삶의 원리

5과 하나님중심 생활 · 26
6과 교회중심 생활 · 30
7과 말씀중심 생활 · 34
8과 가정중심 생활 · 38

3.제자가 힘쓸 일

9과 예배에 힘쓰라 · 42
10과 기도에 힘쓰라 · 46
11과 전도에 힘쓰라 · 50
12과 봉사에 힘쓰라 · 54

4.제자와 십자가

13과 십자가의 도 · 58
14과 십자가의 능력 · 62
15과 십자가의 영광 · 66
16과 십자가를 지는 삶 · 70

5.제자와 행복한 삶

17과 행복한 가정생활 · 74
18과 행복한 성도 · 78
19과 행복한 교회생활 · 82
20과 행복한 사회생활 · 86

6.제자와 사랑

21과 하나님을 사랑하라 · 90
22과 나라를 사랑하라 · 94
23과 교회를 사랑하라 · 98
24과 이웃을 사랑하라 · 102

7.제자와 진리무장

25과 말씀으로 무장하라 · 106
26과 구원관 무장 · 110
27과 교회관 무장 · 114
28과 종말관 무장 · 118

8.제자와 자기관리

29과 탐심을 물리치라 · 122
30과 분노를 다스리라 · 126
31과 예수의 사람이 되라 · 130
32과 화평함을 이루라 · 134

9.제자와 헌신생활

33과 몸으로 헌신한다 · 138
34과 물질로 헌신한다 · 142
35과 기도로 헌신한다 · 146
36과 재능으로 헌신한다 · 150

10.예수님을 본받는 제자

37과 예수님의 마음을 배우라 · 154
38과 예수님의 성품을 본받으라 · 158
39과 예수님의 삶을 본받으라 · 162
40과 예수님의 사랑을 본받으라 · 166

11.제자와 승리생활

41과 순종하는 생활 · 170
42과 감사하는 생활 · 174
43과 찬송하는 생활 · 178
44과 기뻐하는 생활 · 182

12.제자와 인생관

45과 하나님의 형상인 인생 · 186
46과 인생의 목적 · 190
47과 돌아갈 인생 · 194
48과 인생결산과 영원세계 · 198

부록/ 절기

49과 성경대로/부활절 · 202
50과 맥추절의 의미/맥추절 · 206
51과 초막절을 지키라/추수절 · 210
52과 기쁘고 좋은 소식/성탄절 · 214

제1과 뜻을 정하자

- 본문/ 다니엘 1:8-9
- 인사/ 반갑습니다. 사랑합니다. 주님의 이름으로 축복합니다.
- 찬송/ 93, 546장
- 신앙고백 (기도)

말씀읽기

8 다니엘은 뜻을 정하여 왕의 음식과 그가 마시는 포도주로 자기를 더럽히지 아니하리라 하고 자기를 더럽히지 아니하도록 환관장에게 구하니 9 하나님이 다니엘로 하여금 환관장에게 은혜와 긍휼을 얻게 하신지라

생각하기/ 진짜 기독교인

1968년, 박정희 대통령이 전방 시찰을 마치고 춘천에서 국방장관을 비롯한 군단장 이상의 주요 지휘관 만찬이 있었습니다. 여기에 유일하게 특별 초대받은 사단장이 있었는데 나희필 준장이었습니다. 모범 부대장으로 대통령 앞에서 부대 브리핑을 하고 대통령의 술잔을 받는 영광을 얻게 되었습니다. 그러나 그는 대통령의 잔을 거절하였습니다. 동석한 국방장관이 나장군은 술을 못합니다. 하면서 얼른 받아 마셔서 위기를 모면했습니다. 만찬이 끝난 후 박대통령은 나장군에게 이렇게 말했습니다. "니가 진짜 기독교인이다." 훗날 그는 육군대학 총장과 정보부차장, 장관급인 국가비상기획원장으로 등용되었습니다. 그리고 그의 투철한 신앙으로 전군 신자화 운동이 전개되는 계기가 되었다고 합니다.

말씀 속으로

1. 바벨론의 침략

바벨론이 유다를 침략했습니다. 유다나라가 하나님을 버리고 이방신을 섬기며 하나님의 뜻을 거역하므로 하나님이 바벨론을 들어 징계하셨습니다. 바벨론은 3차에 걸쳐 유다를 침공하여 완전 정복하였습니다. 유다는 주전 586년에 망하였습니다. 이때 왕은 도망치다가 잡혀서 눈이 뽑혀 포로로 끌려갔고 왕의 아들들은 왕이 보는 앞에서 죽임을 당했습니다. 다니엘과 그의 친구들은 1차 침공 때에 포로로 잡혀갔습니다. 그들은 귀족이요 장래가 총망한 유능한 청년들로 바벨론 왕 느부갓네살은 포로일지라도 장래가 총망한 자들은 자국의 교육을 시켜 나라에 등용하는 정책을 폈습니다. 다니엘과 그의 친구들도 선발되어 바벨론의 지도자 교육을 받으며 왕궁에서 나오는 특별한 음식을 대접받게 되었습니다. 이는 보통사람은 받을 수 없는 특별 대우입니다. 그러나 다니엘과 그의 친구들은 이 음식을 거절하였습니다.

성경읽기/ 다니엘서 1:8을 읽고 왜 다니엘과 친구들은 이 음식을 거절하였는지 말해봅시다.

2. 다니엘과 그의 친구들은 뜻을 정했습니다.

그들은 비록 나라가 망하여 포로로 끌려가지만 어디를 가든지 믿음을 지키기로 뜻을 정하였습니다. 자기를 더럽히지 아니하리라고 뜻을 정했다는 말은 어떤 상황에서도 우상을 섬기지 않겠다는 결심과 하나님의 말씀을 거역하지 않겠다는 결심을 한 것입니다. 나라가 망하고 포로로 이방나라에 끌려가서 이런 결심을 하고 믿음을 지킨다는 것은 쉬운 일이 아닙니다. 죽음을 각오하지 않으면 할 수 없습니다. 다니엘과 그의 친구들은 죽음을 각오하고 믿음을 지키겠다고 뜻을 정한 것입니다.

주님께서는 누구든지 주님을 위하여 목숨을 잃으면 살게 되고 살고자 하는 자는 목숨을 잃을 것이라고 하였습니다.(마16:25) 즉 주님을 위하여 죽고자하는 자는 살 것이요. 살겠다고 주님을 부인하면 죽으리라는 말씀입니다. 믿음을 지키는 것이 곧 자기 생명을 지키는 것입니다.

성경읽기/ 마태복음 16:26을 읽고 이 세상에서 가장 소중한 것은 무엇인지 말해봅시다.

3. 우리도 뜻을 정해야 합니다.

새해를 맞이했습니다. 새해 첫 주간에 우리도 뜻을 정해야 합니다. 무슨 뜻을 정해야 할까요?

다니엘과 그의 친구들처럼 믿음 지키겠다는 뜻을 정해야 합니다.

① 새해에는 1년 동안 주일 성수하리라는 뜻을 정하고 아무리 힘들어도 십일조 생활 바로 하리라는 뜻을 정해야 합니다.

② 새해에는 나도 3명 이상 전도하리라 뜻을 정하고 기도하며 사랑하며 섬겨서 주님께 인도할 수 있기를 바랍니다.

③ 또한 새해에는 주님의 뜻에 순종하여 항상 기뻐하며 살리라, 매일 기도하며 살리라, 범사에 감사하며 살리라는 뜻을 정하고, 사랑하며 섬기며 살리라 뜻을 정하시기 바랍니다.

④ 1년 동안 맡은 일에 충성 다하며 말씀에 순종하며 살리라고 뜻을 정하시기 바랍니다.

새해에는 어떤 어려운 일이 닥쳐도 믿음 지키겠다고 뜻을 정하고 믿음 지키므로 그날에 우리 모두 면류관 받는 자들이 되십시다.

성경읽기/ 디모데후서 4:7을 읽고 바울사도는 노년에 자신의 생을 돌아보며 내가 선한 싸움을 싸우고 나의 달려갈 길을 마치고 무엇을 지켰다고 고백하였는지 말해봅시다.

나가는 말

한때 성남에서 제일 큰 교회를 목회하셨던 박용규 목사님의 천국간증에 그가 천국에 가니 주님이 박 목사님에게 다섯가지 질문을 하였답니다. ① 용규야 넌 전도 얼마나 했느냐? ② 성경을 얼마나 읽었느냐? ③ 십일조 감사 생활했느냐? ④ 얼마나 감사했느냐? ⑤ 얼마나 기도했느냐? 박용규 목사님이 받은 이질문은 오늘 우리에게도 해당되는 질문입니다. 이것은 신앙의 가장 본질이요 핵심입니다. 새해에 뜻을 정하고 믿음 지키므로 승리하는 해가 되시기 바랍니다.

나눔의 시간

1. 오늘 말씀을 통하여 느낀 점을 말해봅시다.
2. 새해에 꼭 실천할 믿음생활 다섯 가지를 말해봅시다.

적용하기

오늘 말씀을 생활에 어떻게 적용할까 말해봅시다.

결단 및 합심기도

1. 지난해 믿음 지키지 못한 경우가 있었는지 돌아보며 새해에는 믿음 지키리라고 다짐하며 기도합시다.
2. 우리 구역부흥과 전도 대상자를 위하여 기도합시다.

감사 및 알림

헌금 및 기도, 교회소식, 구역소식, 다음모임, 주기도.

제2과 새 사람, 새 생활

- 본문/ 에베소서 4:22-29
- 인사/ 반갑습니다. 사랑합니다. 주님의 이름으로 축복합니다.
- 찬송/ 436, 289장
- 신앙고백 (기도)

말씀읽기

22 너희는 유혹의 욕심을 따라 썩어져 가는 구습을 따르는 옛 사람을 벗어 버리고 23 오직 너
희의 심령이 새롭게 되어 24 하나님을 따라 의와 진리의 거룩함으로 지으심을 받은 새 사람을
입으라 25 그런즉 거짓을 버리고 각각 그 이웃과 더불어 참된 것을 말하라 이는 우리가 서로
지체가 됨이라 26 분을 내어도 죄를 짓지 말며 해가 지도록 분을 품지 말고 27 마귀에게 틈을
주지 말라 28 도둑질하는 자는 다시 도둑질하지 말고 돌이켜 가난한 자에게 구제할 수 있도록
자기 손으로 수고하여 선한 일을 하라 29 무릇 더러운 말은 너희 입 밖에도 내지 말고 오직 덕
을 세우는 데 소용되는 대로 선한 말을 하여 듣는 자들에게 은혜를 끼치게 하라

생각하기 / 형님, 다 때렸습니까?

김익두 목사가 부흥회에 참석하려고 산길을 걷다가 너무 더워서 웃옷을 벗어 놓고 시원한 바람에 땀을 식히고 있었는데 맞은편에서 술 취한 사람이 오더니 "너 왜 나보다 먼저 올라온 거야?" 하며 김 목사를 사정없이 때렸습니다. 김 목사는 아무런 저항도 하지 않고 가만히 그 매를 맞고는 술 취한 사람에게 "형님, 다 때렸습니까?" 라고 묻자 그는 "그래 다 때렸다" 라고 대답하자 김 목사는 "예수는 내가 믿고 복은 형님이 받으셨군요." 라고 했습니다. 그는 이 말이 무슨 말인 줄 모르고 어리둥절했습니다. 그래서 김 목사가 "내가 김익두요" 라고 말하자 그는 얼굴색이 하얗게 변하더니 "살려 주십시오" 라고 빌었습니다. 김 목사는 그를 데리고 부흥회에 참석시켰습니다. 그

는 이 일을 계기로 예수를 믿게 되었고 훗날 장로가 되었습니다.

말씀 속으로

1. 옛 사람을 벗으라.

예수님을 구주로 믿고 영접한 사람은 하나님의 자녀로 거듭난 자입니다. 믿는 자의 신분은 하늘의 시민권을 가진 하늘의 백성이 되고 영원한 생명을 얻는 자입니다. 그런데 예수님을 믿기 전의 생활을 벗어버리지 못하고 옛 모습 그대로 사는 경우가 있습니다.

바울사도는 하나님의 자녀들은 옛 사람을 벗으라고 명령합니다. 옛 사람이란 예수님을 믿기 전 육신의 욕심을 따라 살던 옛 풍습, 자기 중심적인 삶을 말합니다. 예수님을 믿기 전에는 대부분 자기 욕심을 따라 삽니다. 육적인 욕망 쾌락 세상 부귀영화 명예와 권세를 목적으로 그것을 잡으려고 추구하며 삽니다. 이것을 벗어버려야 합니다. 또한 옛 사람을 벗으라는 말은 옛 구습을 벗으라는 말입니다. 옛 구습은 세상풍습을 따라 행했던 습관들을 말합니다. 우리나라는 유교 불교적인 구습을 따라 조상섬긴다고 차례를 지내고 제사를 지내고 고사를 지냈습니다. 예수님 믿는 사람들은 이런 구습을 버려야 합니다.

성경읽기/ 고린도전서 10:20을 읽고 이방인들이 제사하는 것은 누구에게 한 것이라고 했는지 말해봅시다.

2. 새 사람을 입으라.

헌 옷을 벗은 후에 새 옷을 입듯 바울사도는 옛 사람을 벗은 후에는 새 사람을 입으라고 합니다. 우리가 입어야할 새 사람은 무엇을 의미할까요? 첫째는 심령이 새로워지는 것을 말합니다. 심령이 새로워지는 것은 새로운 마음을 가지는 것입니다. 모든 행동은 마음에서 시작됩니다. 심령이 새로워지지 않으면 생활이 변화될 수 없습니다.

로마서 12:2에서 너희는 이 세대를 본받지 말고 오직 마음을 새롭게 하여 변화를 받아...라고 하였습니다. 예수님은 사람을 더럽게 하는 것은 입으로 들어가는 것이 아니라 입에서 나오는 것인데 입에서 나오는 것은 마음에서 나오는 것으로 악한 생각과 살인과 간음과 음란과 도둑질과 거짓증거와 비방이니 이런 것들이 사람을 더럽게 한다고 하셨습니다.(마15:18-20) 새 사람을 입는 것은 마음을 새롭게 하는 것입니다.

성경읽기/ 로마서 13:12을 읽고 우리가 무엇을 벗고 무엇을 입으라고 하는지 또 그 의미가 무엇인지 말해봅시다.

3. 새 생활을 하라

새 사람이 되었으면 이제 생활이 바뀌어야 합니다. 새 옷을 입고 시궁창에 들어가지 않습니다. 새 사람이 다시 옛 생활을 할 수 없습니다. 이제 빛의 갑옷을 입고 빛 가운데 살아야 합니다. 바울사도는 이제 낮에와 같이 단정히 행하고 방탕하거나 술 취하지 말며 음란하거나 호색하지 말며 다투거나 시기하지 말고 오직 주 예수 그리스도로 옷 입고 정욕을 위하여 육신의 일을 도모하지 말라고 하였습니다. (롬13:13-14) 이는 모두 옛 사람의 행위들입니다. 그럼 우리가 힘써야할 새 생활은 무엇일까요? 첫째, 25절 거짓을 버리고... 참된 것을 말하라 둘째, 26절 분을 내어도 죄를 짓지 말며 해가 지도록 분을 품지 말고 셋째, 27절 마귀에게 틈을 주지 말라 넷째, 28절 도둑질하는 자는 다시 도둑질하지 말고... 선한 일을 하라 다섯째, 29절 더러운 말은 너희 입 밖에도 내지 말고.. 선한 말을 하여 듣는 자들에게 은혜를 끼치게 하는 것입니다.

성경읽기/ 에베소서 5:8을 읽고 빛된 우리는 어떻게 행하라고 하였는지 말해봅시다.

나가는 말

전당포 주인이었다가 예수 그리스도를 영접한 후 새 생활을 하게 된 사람이 하루는 술에 취한 사람에게 그리스도를 영접할 것을 권면 했습니다. 그때 술 취한 사람이 빈정거리며 말하기를 "여보슈. 내가 정말 지옥과 천당이 있고 구원이 있다는 걸 확신한다면 당신처럼 이렇게 소신 없이 전도하지는 않겠소. 나는 더 열성적으로 전도할거요." 이 말에 충격을 받은 그는 그 때부터 열렬하게 전도하며 구제활동을 했습니다. 그가 1978년 구세군을 창설한 윌리암 뿌드입니다.

나눔의 시간

1. 오늘 말씀을 통하여 느낀 점을 말해봅시다.

2. 나는 아직 벗지 못한 옛 사람이 있는지 내게 부족한 새 생활이 무엇인지 나눠봅시다.

적용하기

오늘 말씀을 생활에 어떻게 적용할까 말해봅시다.

결단 및 합심기도

1. 아직 벗지 못한 옛 사람 옛 습관이 있으면 회개하며 새 사람으로 새 생활을 할 것을 다짐하며 기도합시다.

2. 우리 구역부흥과 전도 대상자를 위하여 기도합시다.

감사 및 알림

헌금 및 기도, 교회소식, 구역소식, 다음모임, 주기도.

제3과 예수를 바라보자

- 본문/ 히브리서 12:1-2
- 인사/ 반갑습니다. 사랑합니다. 주님의 이름으로 축복합니다.
- 찬송/ 93, 292장
- 신앙고백 (기도)

말씀읽기

1 이러므로 우리에게 구름 같이 둘러싼 허다한 증인들이 있으니 모든 무거운 것과 얽매이기 쉬
운 죄를 벗어 버리고 인내로써 우리 앞에 당한 경주를 하며 2 믿음의 주요 또 온전하게 하시는
이인 예수를 바라보자 그는 그 앞에 있는 기쁨을 위하여 십자가를 참으사 부끄러움을 개의치
아니하시더니 하나님 보좌 우편에 앉으셨느니라

생각하기/ 골프 황제

타이거 우즈에게 두 가지 별명이 있습니다. 하나는 골프황제고, 또 하나는 연습벌레입니다. 그의 화려한 모습의 이면에 숨겨진 일화가 있습니다. 그는 21살의 나이로 세계 최고의 실력자들이 겨루는 마스터스 대회에서 우승했습니다. 그런데 그는 자신의 경기를 녹화한 비디오테이프를 보면서 스윙 폼에 문제가 있는 것을 발견합니다. 그리고 코치에게 어떻게 고치면 되겠냐고 묻습니다. 그때 코치는 이렇게 대답합니다. "당신의 스윙 폼을 고치는 데는 3분이면 충분합니다. 그러나 그것에 익숙해져서 최고의 경기력을 갖추기 위해서는 2년이 필요합니다. 그러니까 앞으로 2년 동안은 우승할 생각을 접어야 합니다." 타이거 우즈는 고민 끝에 결단을 내립니다. 정말 2년 동안 패배를 거듭합니다. 그는 괴로웠지만 미래를 소망하면서 고군분투합니다. 마침내 2년 후에는 14번의 골프대회에 참가해서 10번에 걸쳐 우승을 하게 되고 골프 황제자리에 오르게 된 것입니다.

말씀 속으로

1. 신앙생활은 경주와 같습니다.

어렸을 때 초등학교 운동회를 하면 동네 사람들이 모두 학교에 모입니다. 운동회의 클라이막스는 계주입니다. 학년별 대표를 뽑아 청백 릴레이 (계주)를 합니다. 마지막에는 마을별로 계주를 합니다. 그날 우승한 마을은 동네잔치가 베풀어집니다. 바울사도는 우리의 신앙생활도 이 같은 경주의 모습과 같다고 말합니다.

히브리서 기자는 히브리서 11장에서 믿음의 금메달 딴 믿음의 경주자들을 소개한 뒤 12장에서 그러므로 우리에게 구름같이 둘러싼 허다한 증인들이 있으니 모든 무거운 것과 얽매이기 쉬운 죄를 벗어버리고 인내로써 우리 앞에 당한 경주를 하며...라고 하였습니다. 우리의 신앙경기에 많은 증인들이 보고 있습니다. 먼저 하늘나라에 입성한 신앙의 선조들이 보고 있습니다. 또한 천군천사들도 보고 있습니다. 힘들어도 끝까지 인내하며 달려가야 합니다.

성경읽기/ 히브리서 12:1에서 무엇을 벗어버리고 어떻게 경주하라고 했는지 말해봅시다.

2. 예수를 바라보고 달려야 합니다.

2008년 베이징 올림픽에서 100미터 200미터 400미터에서 금메달 3개를 따서 3관왕이 된 자메이카의 우사인 볼트 선수는 2012년 런던 올림픽에서도 100미터와 200미터 그리고 400미터 계주에서 또다시 3관왕을 차지해서 세계에서 가장 빠른 번개사나이 볼트란 별명이 붙었습니다. 그는 연속 올림픽 2회 3관왕이 되었습니다. 그는 2012년 전 세계 스포츠 최우수 선수로 선정되었습니다. 또한 국제육상 연맹에서도 2012년 올해의 선수상에 볼트가 선정되었습니다.

그리스도인들은 신앙경기에서 우승하려면 예수를 바라보고 달려가야 합니다. 예수님은 믿음의 주요 온전케 하시는 분입니다. 좌우로 치우치지 않고 예수님만 바라보고 달려가는 자는 신앙경주에 우승자가 될 수 있습니다. 육적경기의 우승자는 잠깐의 영광을 얻지만 신앙경기에서 우승자는 영원토록 영광을 얻게 됩니다.

성경읽기/ 디모데후서 4:8을 읽고 달려갈 길을 마친 바울에게 무엇이 예비되었다고 하였는지 말해봅시다.

3. 절제하며 인내해야 합니다.

2010년 밴쿠버 동계올림픽에서 일본의 아사다마오를 꺾고 피겨 여왕이 된 김연아는 피겨 여왕 뿐 아니라 세계적인 영웅이 되었습니다. 그는 피겨 여왕이 된 후 1년에 CF광고모델 등으로 100억원 이상의 수입을 올리고 있습니다. 김연아가 여기까지 오는 데는 피나는 눈물과 땀 아픔과 고통의 훈련이 있었습니다. 어린이날 다른 아이들은 가족과 함께 놀이공원 등으로 놀러가는 데도 연아는 놀지 못하고 발이 부르트도록 훈련을 하고 연습을 하여야만 했답니다. 연아의 발에는 발 근육에 근족염이 있어서 걸으면 아프답니다. 연아의 이같은 훈련이 오늘 그 자리에 오르게 한 것입니다.

썩을 면류관을 바라보는 세상의 선수들도 경기에 이기기 위해 인내하며 절제하며 고된 훈련을 합니다. 우리는 썩지 아니할 면류관을 얻기 위해 어떤 역경이 닥쳐도 인내하며 절제하며 달려가야 합니다.

예수님은 고통과 치욕의 십자가도 참으시고 부끄러움도 참으셨습니다. 신앙의 경주에 승리자가 되려면 인내가 필요합니다.

성경읽기/ 고린도전서 9:27에서 바울사도는 왜 자신을 쳐서 복종케 한다고 하였나요?

나가는 말

신앙생활은 운동경주와 같습니다. 경기에서 상을 얻기 위해서는 열심히 달려가야 합니다. 달려가다가 힘들다고 주저 앉으면 낙오자가 됩니다. 그런데 오늘 신앙인들 중에는 달려가는 자가 있고 걸어가는 자가 있고 기어가는 자도 있고 힘들다고 앉아서 쉬고 있는 자도 있으며 누워 자고 있는 자도 있습니다. 영적경기에 승리자가 되기 위하여 나에게 주신 은사 직분 시간 건강 물질가지고 열심히 일하며 달려가야 합니다. 때가 되면 영광의 면류관을 받게 될 날이 옵니다.

나눔의 시간

1. 오늘 말씀을 통하여 느낀 점을 말해봅시다.

2. 나는 지금 신앙경기에서 달려가고 있는지, 걸어가고 있는지, 기어가고 있는지, 앉아 쉬고 있는지, 누워 자고 있는지 말해봅시다.

적용하기

오늘 말씀을 생활에 어떻게 적용할까 말해봅시다.

결단 및 합심기도

1. 지금까지 달려가지 못한 것을 회개하며 영적 경기에서 상 얻는 자가 되도록 달려갈 것을 다짐하며 기도합시다.

2. 우리 구역부흥과 전도 대상자를 위하여 기도합시다.

감사 및 알림

헌금 및 기도, 교회소식, 구역소식, 다음모임, 주기도.

제4과 부름의 상을 위하여

- 본문/ 빌립보서 3:12-14
- 인사/ 반갑습니다. 사랑합니다. 주님의 이름으로 축복합니다.
- 찬송/ 359, 491장
- 신앙고백 (기도)

말씀읽기

12 내가 이미 얻었다 함도 아니요 온전히 이루었다 함도 아니라 오직 내가 그리스도 예수께 잡힌바 된 그것을 잡으려고 달려가노라 13 형제들아 나는 아직 내가 잡은 줄로 여기지 아니하고 오직 한 일 즉 뒤에 있는 것은 잊어버리고 앞에 있는 것을 잡으려고 14 푯대를 향하여 그리스도 예수 안에서 하나님이 위에서 부르신 부름의 상을 위하여 달려가노라

생각하기/ 금메달 인생

2012년 런던올림픽에서 우리나라 체조사상 최초로 양학선 선수가 금메달을 따므로 한국체조역사에 새로운 획을 그었습니다. 그는 너무 가난한집에서 태어났습니다. 부모님들은 학선이가 금메달을 딸 때까지 집이 없어서 비닐하우스에서 살고 있었습니다. 그는 곯은 배를 움켜쥐고 열심히 훈련을 하였습니다. 그의 꿈은 올림픽 금메달 이었습니다. 드디어 2012년 런던올림픽에서 그는 금메달을 목에 걸었습니다. 그가 금메달을 목에 거는 순간 그의 인생이 바뀌기 시작했습니다. 이제 배고픔이 끝났습니다. 모회사에서는 그에게 평생 먹을 라면을 대주겠다고 약속해왔습니다. 또한 어떤 회사 사장은 그에게 집 한 채를 주겠다고 하였습니다. 금메달을 따므로 평생 연금을 받게 됩니다. 또한 금메달 수당을 받게 됩니다. 많은 곳에서 CF 요청을 받습니다. 금메달이 그의 인생을 바꾸어 놓았습니다.

말씀 속으로

1. 상이 있습니다.

학교에서 공부를 잘하면 우등상을 받습니다. 개근하면 개근상을 받습니다. 연예계에도 연말이 되면 주연상 대상 등 시상식이 있습니다. 나라에 큰 공을 세우면 나라에서 상을 줍니다. 무궁화 훈장 동백장 등은 권위가 있는 상입니다. 또한 인류평화에 기여하거나 공을 세우면 노벨 평화상 물리학상 의학상 등 상을 받기도 합니다. 우리나라에서는 고 김대중 대통령께서 처음으로 노벨 평화상을 받았습니다. 상은 사람들로 하여금 분발하게 하고 노력하게 하고 뛰게 만듭니다. 올림픽에 나갈 선수들이 여름에도 구슬땀을 흘리며 연습하는 것은 금메달이라는 목표가 있기 때문입니다.

신앙생활도 상급이 있습니다. 성경에도 여러 종류의 상이 약속되어 있습니다. 우리가 수고하고 봉사하는 것은 모두 상과 연관되어 있습니다. 히브리서 기자는 하나님은 상주시는 하나님이라고 하였습니다.(히11:6) 예수님은 다시 오실 때 상을 가지고 와서 각 사람이 일한대로 상을 주신다고 하셨습니다.(계22:12) 우리는 하늘의 상을 얻도록 힘써야 합니다.

성경읽기/ 마태복음 5:11-12에서 예수님은 어떤 자에게 상이 크다고 하였는지 말해봅시다.

2. 달려가야 합니다.

사도바울은 자신은 지금 달리기를 하고 있다고 말합니다. 바울은 올림픽 경기에서 우승자가 시상대에 올라가는 모습을 연상하면서 자신은 위에서 부르신 상을 위하여 달려간다고 하였습니다. 달려가는 것은 열정을 말합니다. 그는 전도하는데 열정, 기도하는데 열정을 다했습니다. 목숨 내놓고 선교했습니다. 그는 전 세계를 다니며 복음을 전했습니다. 상은 아무에게나 주는 것이 아닙니다. 남보다 잘하는 자에게 줍니다. 경기에서는 이기는 자에게 주어집니다. 하늘나라의 상도 마찬가지입니다. 주님의 나라와 교회를 위해 헌신하며 봉사하며 복음전하며 일하는 자에게 상을 줍니다. 우리도 상 받도록 열심히 섬기며 봉사해야 합니다.

성경읽기/ 마태복음 10:41-42을 읽고 어떤 자에게 상을 주시는지 말해봅시다.

3. 뒤에 것은 잊어버려야 합니다.

달리는 사람이 뒤를 돌아보면 달릴 수가 없습니다. 그리스도인들은 앞만 보고 달려가야 합니다. 예수님만 바라보고 달려가야 합니다. 천국의 상을 바라보고 달려가야 합니다. 소돔과 고모라가 유황불로 심판을 받을 때 롯의 아내는 뒤돌아보다가 소금기둥이 되었습니다. 신앙생활이 힘들어도 옛날로 돌아가거나 옛날에 사로잡히면 안됩니다. 이스라엘백성들이 광야생활이 힘들다고 애굽을 그리워하며 애굽으로 돌아가자고 하다가 광야에서 죽었습니다.

믿음의 사람들은 뒤에 것은 잊어버려야 합니다. 지난날 잘못했다고 거기에 잡혀있으면 나아갈 수가 없습니다. 지난날 상처도 아픔도 억울함도 잊어버려야 합니다. 또한 지난날 잘한 것도 잊어버려야 합니다. 사람 중에는 과거에 사는 사람이 있습니다. 과거에 은혜도 체험하고 열심히 했다고 자랑하며 과거의 화려했던 경력과 추억에 얽매여 사는 자들입니다. 어떤 사람은 과거의 원통했던 일과 패배를 잊지 못하고 자살하는 사람도 있습니다.

성경은 뒤에 것은 잊어버리고 앞을 바라보고 달려가라고 말씀합니다. 우리는 부름의 상을 위하여 뒤에 것은 잊어버리고 앞을 향하여 달려갑시다.

성경읽기/ 히브리서 10:35에서 왜 너희 담대함을 버리지 말라고 하였는지 말해봅시다.

나가는 말

영원히 돌아올 수 없는 것 세 가지가 있습니다. 첫째는 과녁을 향해 쏘아버린 화살이고 둘째는 내뱉은 말이며 셋째는 지나간 시간입니다. 그러므로 우리는 뒤에 것은 잊어버리고 앞만 바라보고 위에서 부르신 상을 위하여 달려가야 합니다. 우리의 푯대는 천국입니다 우리는 천국을 바라보고 달려가야 합니다. 힘들어도 달려가야 합니다. 도중하차는 낙오자입니다. 천국에 갈 때까지 달려가야 합니다.

나눔의 시간

1. 오늘 말씀을 통하여 느낀 점을 말해봅시다.

2. 내가 주님 앞에 상을 받는다면 어떤 일로 상을 받을 거라고 생각하는지 나눠봅시다.

적용하기

오늘 말씀을 생활에 어떻게 적용할까 말해봅시다.

결단 및 합심기도

1. 지금까지 주님의 나라를 위하여 열심히 일하지 못한 것을 회개하며 상 받도록 일할 것을 다짐하며 기도합시다.

2. 우리 구역부흥과 전도 대상자를 위하여 기도합시다.

감사 및 알림

헌금 및 기도, 교회소식, 구역소식, 다음모임, 주기도.

제5과 하나님중심 생활

- 본문/ 로마서 11:33-36
- 인사/ 반갑습니다. 사랑합니다. 주님의 이름으로 축복합니다.
- 찬송/ 28, 95장
- 신앙고백 (기도)

말씀읽기

33 깊도다 하나님의 지혜와 지식의 풍성함이여, 그의 판단은 헤아리지 못할 것이며 그의 길은
찾지 못할 것이로다 34 누가 주의 마음을 알았느냐 누가 그의 모사가 되었느냐 35 누가 주께
먼저 드려서 갚으심을 받겠느냐 36 이는 만물이 주에게서 나오고 주로 말미암고 주에게로 돌
아감이라 그에게 영광이 세세에 있을지어다 아멘

생각하기/ 하나님과의 만남이 더 중요한 사람

미국 하버드 대학의 설립자요 남북 전쟁의 영웅인 하버드 장군이 미국 서해안 지역을 방문하려 했을 때 그의 친구들이 그를 즐겁게 해 주기 위해서 환영 파티를 준비하고 있었습니다. 그 친구들은 그 지역의 유명 인사들을 초청해 놓고 수요일로 정하여 하버드 장군이 도착했을 때 자신들의 계획을 알렸습니다. 하버드 장군은 친구들의 계획을 듣더니 진지한 얼굴로 말합니다. 친구들, 고맙네만 수요일은 중요한 약속이 있으니 목요일로 연기해줄 수 없겠나? 그러나 친구들은 펄쩍 뛰면서 장군, 이번에는 미국의 유명 인사들을 대거 초청해 놓았으니 만약 파티가 연기되면 유명 인사들과 교제가 끊어질 텐데 어찌하겠나? 그러자 하버드 장군은 내게는 유명 인사들과 교제보다 하나님과 교제가 더 중요하다네 나는 주일과 수요일 예배 때에 주님과 만나기로 약속했기 때문에 나는 주님과의 약속을 깨뜨릴 수가 없다네. 결국 그 파티는 목요일로 연기되었다고 합니다.

말씀 속으로

1. 하나님은 만물의 창조주입니다.

만물의 기원에 대하여 학자들은 여러가지 설을 만들어냈습니다. 첫째는 자연 발생설이 있습니다. 이는 모든 만물이 자연적으로 생겨났다는 것입니다. 다음은 진화론이 있습니다. 진화론은 모든 만물이 가장 작은 미생물 아메바로부터 시작하여 생물이 되고 동물이 되고 새가 되고 원숭이가 되고 사람이 되었다는 설로 다윈에게서 시작된 설입니다. 그리고 우주는 빅뱅되었다는 빅뱅설을 주장합니다. 어떤 물체가 뻥하고 터져서 해, 달, 별, 지구 등이 생겨났다는 것입니다. 또 다른 학설은 유출설이 있습니다. 이는 우주만물이 어디선가 흘러나왔다는 설입니다. 이런 학설들은 만물이 어떻게 시작되었는지를 모르기 때문에 나온 어리석은 학설들입니다.

성경은 하나님이 우주만물을 만드셨다고 분명히 밝혀주고 있습니다. 이를 창조설이라 합니다. 하나님은 보이는 것과 보이지 않는 것 하늘 위에 있는 것과 하늘 아래 있는 것 등 모든 것을 지으셨습니다.

성경읽기/ 창세기 1:25을 읽고 진화론과 어떤 차이가 있는지 말해봅시다.

2. 만물은 하나님이 다스리십니다.

하늘에는 해와 달과 별들과 수억 개의 은하계가 있습니다. 한 은하계에 별들이 수억 개가 있는데 이런 은하계가 또한 수십억 개가 있습니다. 우주는 인간의 상상을 초월합니다. 지구는 태양을 중심으로 엄청난 속도로 공전하고 있습니다. 해와 달과 별들도 움직이고 있습니다. 이 우주에 수십조 개의 위성들이 떠돌아다니는데 그것들이 부딪히지 않고 자기 위치에서 임무를 수행하고 있는 것은 하나님께서 다스리시기 때문입니다. 만물이 주로 말미암는다는 말은 만물을 주인 되시는 주께서 직접 다스리시고 섭리하신다는 말입니다. 비행기나 자동차가 저절로 움직이는 것이 아니라 운전자가 있기 때문에 움직이는 것처럼 해와 달과 별들 그리고 모든 은하계와 지구도 운전자가 계시다는 말입니다 그분이 하나님이십니다. 모든 만물은 하나님께서 만드시고 다스리시며 종국에는 하나님께로 돌아갑니다.

성경읽기/ 시편 89:11을 읽고 하늘과 땅이 누구의 것이며 왜 그렇게 말하는지 나눠봅시다.

3. 하나님 중심의 삶을 살아야 합니다.

하나님 중심의 삶이란 모든 삶과 가치의 우선순위를 하나님께 두고 사는 것을 말합니다. 하루의 첫 시간을 주님께 드리고 일주일의 첫날을 하나님께 드리며 물질의 첫 것을 하나님께 드리고 십분의 일인 십일조생활을 철저히 하고 하나님의 영광을 드러내는 삶을 사는 것이 하나님 중심의 삶입니다. 바울사도는 너희가 먹든지 마시든지 무엇을 하든지 하나님의 영광을 위하여 하라(고전 10:31)고 하였습니다. 그리스도인들은 먹을 것과 먹지 말것, 마실 것과 마시지 말것, 할일과 해서는 안될 일을 구별하여 하나님의 영광을 가리는 것은 금해야 합니다. 먹는 것이라고 다 먹을 수 없으며 마시는 것이라고 다 마실 수 없고 일이라고 아무 일이나 해서는 안됩니다. 하나님 중심의 삶을 사는 것이 승리하는 삶이요 성공의 삶입니다.

성경읽기/ 에베소서 5:10에서 바울사도는 무엇을 시험해 보라고 하였는지 말해봅시다.

나가는 말

하나님은 만물의 주인이시며 인간의 주인이십니다. 하나님 중심생활은 하나님을 삶의 제일 순위에 두고 하나님의 절대주권을 믿으며 어떤 상황에서든지 하나님의 말씀을 따라 사는 삶입니다. 또한 하나님 중심생활은 먹든지 마시든지 무엇을 하든지 하나님의 영광을 위하여 하며 살아도 주를 위하여 살고 죽어도 주를 위하여 죽는 삶입니다. 이같이 하나님 중심의 삶을 살 때 자자손손 복을 받습니다.

나눔의 시간

1. 오늘 말씀을 통하여 느낀 점을 말해봅시다.

2. 나는 삶의 우선순위를 어디에 두고 있는지 하루의 삶을 기준해서 말해봅시다.

적용하기

오늘 말씀을 생활에 어떻게 적용할까 말해봅시다.

결단 및 합심기도

1. 삶의 우선순위를 하나님께 두지 못한 것들이 있으면 회개하고 하나님 중심의 사람을 살 것을 다짐하며 기도합시다.

2. 우리 구역부흥과 전도 대상자를 위하여 기도합시다.

감사 및 알림

헌금 및 기도, 교회소식, 구역소식, 다음모임, 주기도.

제6과 교회중심 생활

- 본문/ 시편 122:1-6
- 인사/ 반갑습니다. 사랑합니다. 주님의 이름으로 축복합니다.
- 찬송/ 210, 208장
- 신앙고백 (기도)

말씀읽기

1사람이 내게 말하기를 여호와의 집에 올라가자 할 때에 내가 기뻐하였도다 2 예루살렘아 우
리 발이 네 성문 안에 섰도다 3 예루살렘아 너는 조밀한 성읍과 같이 건설되었도다 4 지파들
곧 여호와의 지파들이 여호와의 이름에 감사하려고 이스라엘의 전례대로 그리로 올라가는도
다 5 거기 판단의 보좌를 두셨으니 곧 다윗 집의 보좌로다 6 예루살렘을 위하여 평안을 구하라
예루살렘을 사랑하는 자는 형통하리로다 네 성 안에는 평강이 있고 네 궁중에는 형통이 있을찌
어다

생각하기/ 주교교사 존 와나메이커

미국의 백화점 왕으로 잘 알려진 존 와나메이커는 51세때 당시 대통령이었던 벤자민 헤리슨으로부터 나라의 체신부 장관직을 맡아 달라고 제의를 받았습니다. 그때 와나메이커는 정중하게 사양을 했습니다. 그 이유를 묻는 대통령에게 그는 이렇게 대답했습니다. “저는 지금까지 수십 년 동안 주일이 되면 제가 섬기는 교회에서 아이들에게 성경을 가르쳐 왔습니다. 저는 저의 기력이 다하는 날까지 아이들에게 성경을 가르쳐야 합니다. 제가 장관직을 맡게 되면 아무래도 주일 날 아이들에게 성경을 가르치는 일에 지장이 있을까 걱정이 됩니다.” 헤리슨 대통령은 그에게 주일이 되면 교회에 가서 아이들에게 성경을 가르치도록 하겠다는 약속을 했습니다. 그 조건으로 와너메이커는 장관직을 수락을 했습니다. 그 후 4년 동안 그는 장관직을 수행하면서 주

일이 되면 자기가 섬기는 교회로 가서 예배를 드리고 주일학교 아이들에게 변함없이 하나님의 말씀을 가르쳤습니다. 그는 말하기를 "나의 본업은 주일학교 교사입니다. 장관직은 나의 부업일 뿐입니다. 주일학교 교사는 나의 종신직입니다. 장관직은 임시직일 뿐입니다."라고 하며 일평생 교회중심의 삶을 살았습니다.

말씀 속으로

1. 교회는 하나님의 집입니다.

다윗은 하나님의 집을 사모하며 사랑했습니다. 그는 하나님의 집에 가는 것을 너무나도 기뻐하였습니다.(시122:1) 그는 하나님의 성전 건축하는 것을 소망했습니다. 성전이 건축되기 전에는 실로에 허름한 장막이 있었고 거기에 하나님의 법궤를 모셔두었습니다. 다윗은 자신의 궁전을 웅장하게 짓고 궁전에 살면서 하나님의 집을 생각할 때에 마음이 아팠습니다. 자신은 화려한 궁전에서 사는데 하나님의 법궤는 초라한 장막에 있으니 마음이 편하지 않았습니다. 그래서 그는 선지자 나단에게 하나님의 집을 지어야겠다고 알렸습니다. 나단은 흔쾌히 받아들이며 아마 하나님도 기뻐하시리라고 마음에 있는 대로 하나님의 전을 건축하시라고 하였습니다. 그러나 하나님께서는 허락하지 않았습니다. 다윗은 전쟁에서 피를 많이 흘렸으니 지을 수가 없고 아들 때에 짓도록 하라고 하였습니다. 그러나 하나님께서 그 마음을 받으시고 다윗에게 왕위가 끊어지지 아니하리라는 엄청난 복을 약속하셨습니다. 교회는 하나님의 집입니다.

성경읽기/ 시편 84:4에서는 어떤 자가 복이 있다고 하였나요?

2. 교회는 영적인 가정입니다.

사람은 태어나면 가정을 중심으로 삶이 시작됩니다. 가정이 없으면 버려진 자가 됩니다. 영적으로 거듭나고 새 생명을 가진 그리스도인들은 영적인 가정인 교회를 중심으로 삶이 시작되어야 합니다. 종교개혁자 칼빈은 하나님이 아버지인 그리스도인들에게 교회는 어머니와 같다고 하였습니다. 자녀는 어머니 품에 있을 때가 가장 행복하고 편안합니다. 어머니가 주는 젖을 먹고 어머니가 사준 옷을 입고 어머니가 해주는 밥을 먹으며 성장할 때 건강하게 자랍니다.

그리스도인들은 교회에서 하나님의 말씀을 먹으며 하나님의 백성들과 교제를 나누며 하나님의 교회를 섬기며 살 때에 영적으로 건강하게 됩니다. 교회를 등한히 하고 외부의 성경공부 모임이나 기도원 집회 등에 열심내면 영적으로 바람난 성도, 병든 성도가 됩니다.

성경읽기/ 시편 84:10에서 시인은 주의 궁정에서 한날이 다른 곳에서의 며칠보다 낫다고 하였는지 말해봅시다.

3. 그리스도인은 교회중심의 삶을 살아야 합니다.

이스라엘 백성들의 광야에서의 삶은 40년 동안 성막을 중심으로 살았습니다. 이스라엘 백성들에게 요구하신 하나님의 뜻은 제사 중심, 성막 중심의 삶이었습니다. 오늘 하나님께서 우리에게도 요구하시는 것은 교회중심, 예배중심의 삶을 원하십니다.

미국의 카터는 대통령 출마를 위해 선거유세를 할 때도 주일만 되면 조지아주에 있는 고향의 작은 교회에 가서 아이들을 가르쳤습니다. 그는 23년 동안 한주도 빠짐없이 반 아이들을 가르쳤습니다. 어느 날 기자들이 70명이 몰려왔습니다. 카터는 그들에게 주일에는 여러분들이 나가는 교회로 가서 예배 드리라고 권했답니다. 주일은 교회에서 예배 드려야 합니다. 교회중심의 삶은 예배중심의 삶입니다.

성경읽기/ 골로새서 1:25에서 바울은 그리스도의 남은 고난을 교회를 위하여 어디에 채운다고 하였는지 말해봅시다.

나가는 말

교회는 하나님의 집이요 그리스도인들의 영적인 가정입니다. 사람은 가정에서 부모의 사랑을 받으며 자랄 때 건강하고 행복합니다. 물고기는 물 안에서 있을 때가 가장 자유롭고 행복합니다. 그리스도인들은 교회를 중심으로 영의 양식을 먹으며 말씀을 배우며 성도 간에 서로 교제하며 사랑하며 살 때 건강하고 행복합니다.

나눔의 시간

1. 오늘 말씀을 통하여 느낀 점을 말해봅시다.

2. 나는 교회 가는 것이 어느 정도 좋은지? 여행가는 것과 쇼핑가는 것, 교회가는 것 중 어디 가는 것이 더 좋은지 말해봅시다.

적용하기

오늘 말씀을 생활에 어떻게 적용할까 말해봅시다.

결단 및 합심기도

1. 교회중심의 삶을 살지 못했으면 회개하고 교회중심의 삶을 살 것을 다짐하며 기도합시다.

2. 우리 구역부흥과 전도 대상자를 위하여 기도합시다.

감사 및 알림

헌금 및 기도, 교회소식, 구역소식, 다음모임, 주기도.

제7과 말씀중심 생활

- 본문/ 시 119:101-105 (참고19:7-11)
- 인사/ 반갑습니다. 사랑합니다. 주님의 이름으로 축복합니다.
- 찬송/ 200, 202장
- 신앙고백 (기도)

말씀읽기

101 내가 주의 말씀을 지키려고 발을 금하여 모든 악한 길로 가지 아니하였사오며 102 주께서
나를 가르치셨으므로 내가 주의 규례들에서 떠나지 아니하였나이다 103 주의 말씀의 맛이 내
게 어찌 그리 단지요 내 입에 꿀보다 더 다니이다 104 주의 법도들로 말미암아 내가 명철하게
되었으므로 모든 거짓 행위를 미워하나이다 105 주의 말씀은 내 발에 등이요 내 길에 빛이니
이다

생각하기/ 성경을 정치의 기반으로 삼은 대통령들

미국 사우스 다코다 주에 있는 러쉬모어 라는 산은 미국 대통령들의 얼굴이 조각되어 있는 화강암 벽이 있는 곳으로 유명합니다. 거기에는 미국 역사상 가장 훌륭했던 네 명의 대통령인 조지 워싱톤, 토마스 제퍼슨, 루즈벨트와 에이브람 링컨의 얼굴이 새겨져 있습니다. 이 조각상은 이집트의 피라밋보다 더 큰 것으로 워싱톤의 머리만 해도 18 미터로 건물의 5층 높이이며, 그 전체 높이는 142 미터나 된다고 합니다. 조각된 인물들의 공통점은 미국의 유명한 대통령이었다는 것과 그들 모두 하나님의 말씀인 성경을 정치의 기본 이념으로 삼았다는 것입니다. ◈ 조지 워싱톤은 미국의 초대 대통령으로 취임하는 자리에서 "성경이 아니면 세계를 다스릴 수 없다" 고 하면서 성경에 손을 얹고 선서를 하였습니다. 토마스 제퍼슨은 미국 독립선언서의 작성자로서 "미합중국은 성경을 반석으로 삼아 서있는 나라이다." 라고 강조하였습니다.

말씀 속으로

1. 말씀은 길을 안내하는 네비게이션입니다.

인생은 모두 길을 가는 나그네들입니다. 그리스도인들은 천국 길을 가는 순례자들입니다. 길을 가는데 이정표가 없다면 헤맬 수가 있습니다. 요즘은 네비게이션의 안내를 받아 가는데 네비게이션도 없고 이정표도 없고 지도도 없다면 모르는 길을 갈수 없을 것입니다. 우리는 천국 길을 가는 순례자들입니다. 천국 길은 하나님의 말씀을 따라 가야 합니다. 이 세상길은 곳곳에 장애물들이 있고 함정들도 있습니다. 사단이 성도들을 넘어뜨리기 위해 곳곳에 올무를 만들어놓고 거기에 걸리도록 유혹하고 공격합니다. 사단의 올무에 걸리지 않고 함정에 빠지지 않으려면 말씀을 따라가야 합니다. 시인은 "내가 주의 말씀을 지키려고 발을 금하여 모든 악한 길로 가지 아니하였사오며 주께서 나를 가르치셨으므로 내가 주의 규례들에서 떠나지 아니 하였나이다".고 했습니다.(시 119:101-102)

성경읽기/ 시편 119:105에서 시인은 주의 말씀이 무엇이라고 하였으며 또 그 의미들을 말해봅시다.

2. 말씀은 영혼의 거울입니다.

사람은 아침에 일어나서 저녁 잠자리에 들 때까지 시시때때로 거울을 봅니다. 거울은 지신의 외적인 모습을 그대로 보여주기 때문입니다. 머리가 제대로 되었나 화장이 제대로 되었나 옷이 잘 어울리는지 거울을 보고 잘못되었으면 고치고 다듬습니다.

성경은 우리 속사람을 비쳐주는 영혼의 거울이며 나의 실체를 볼 수 있게 하는 참된 거울입니다. 그러므로 속사람을 다듬고 단장하려면 영혼의 거울을 보아야 합니다. 말씀 속에서 나를 발견하며 잘못된 부분은 회개를 통하여 고쳐

나가고 하나님의 선하신 뜻을 깨닫고 그 말씀을 삶에 실천할 때 우리의 속사람이 아름답게 다듬어지며 아름답고 승리하는 인생의 삶을 살게 됩니다.

성경읽기/ 사무엘상 16:7을 읽고 왜 우리가 속사람을 아름답게 다듬어야 하는지 말해봅시다.

3. 말씀 중심의 삶을 살아야 합니다.

말씀 중심의 삶은 말씀을 사랑하고 말씀을 사모하여 매일 말씀을 읽고 묵상하며 그 말씀을 따라 사는 삶을 말합니다. 말씀이 하라는 것은 힘이 들어도 하고 손해가 되어도 하며 말씀이 하지 말라는 것은 이익이 되어도 하지 않는 삶입니다. 말씀은 우리 영혼을 소성케 하고 우둔한 자를 지혜롭게 하며 우리의 행실을 바르게 합니다. 시인은 "주의 법도들로 말미암아 내가 명철하게 되었으므로 모든 거짓 행위를 미워하나이다.(시119:104) 고 하였습니다.

길선주 목사는 항상 성령 충만하기를 갈망하면서 매일 한 시간씩 기도하고 매일 한 시간씩 성경을 읽고 외우려고 힘썼습니다. 성경 연구와 집필을 하루 평균 세 시간씩 했고 하루도 빠짐없이 두 시간씩 독서를 했습니다. 그는 일생을 통해 구약 30회, 창세기, 에스더, 이사야서는 540회, 신약 100회, 요한계시록은 1만회, 요한서신은 5백회를 통독하였다고 합니다. 말씀을 따라 살면 상이 큽니다(시19:11)

성경읽기/ 시편 19:10을 읽고 말씀을 무엇보다 더 사모해야 하는지 말해봅시다.

나가는 말

스코틀랜드 보너 목사의 성경 애찬가는 우리에게 감동을 줍니다.

"내가 피곤할 때 성경이 나의 침대가 되고 어두움이 있을 때에 성경은 나의 빛이 되고 내가 주릴 때에는 나에게 생명의 떡이 되었노라. 두려울 때에 성경은 나의 방패가 되어 주었고 내가 병들었을 때는 고쳐주는 양약이 되었고 고독할 때는 성경에서 내가 많은 친구를 얻었노라. 성경은 무지한 나에게 학교가 되어 주었고 풍파 일어날 때는 나의 피난처 되었노라". 말씀 중심의 삶을 살 때 그는 인생 승리자가 되고 주님 앞에서 큰상을 받게 됩니다.

나눔의 시간

1. 오늘 말씀을 통하여 느낀 점을 말해봅시다.

2. 나는 어느 정도 말씀을 사모하며 매일 말씀을 어느 정도 읽고 묵상하는지 그리고 말씀을 통하여 받는 은혜들을 나눠봅시다.

적용하기

오늘 말씀을 생활에 어떻게 적용할까 말해봅시다.

결단 및 합심기도

1. 말씀을 사랑하지 못하고 못하며 말씀중심의 삶을 살지 못한 것을 회개하고 말씀중심의 삶을 살 것을 다짐하며 기도합시다.

2. 우리 구역부흥과 전도 대상자를 위하여 기도합시다.

감사 및 알림

헌금 및 기도, 교회소식, 구역소식, 다음모임, 주기도.

제8과 가정중심 생활

- 본문/ 사도행전 10:1-2, 잠언 31:27-29
- 인사/ 반갑습니다. 사랑합니다. 주님의 이름으로 축복합니다.
- 찬송/ 305, 579장
- 신앙고백 (기도)

말씀읽기

1 가이사랴에 고넬료라 하는 사람이 있으니 이달리야 부대라 하는 군대의 백부장이라 2 그가 경건하여 온 집안과 더불어 하나님을 경외하며 백성을 많이 구제하고 하나님께 항상 기도하더니

잠언31:27 자기의 집안 일을 보살피고 게을리 얻은 양식을 먹지 아니하나니 28 그의 자식들은 일어나 감사하며 그의 남편은 칭찬하기를 29 덕행 있는 여자가 많으나 그대는 모든 여자보다 뛰어나다 하느니라

생각하기/ 5시에 깨워줘요.

어느 집사님 내외가 심하게 부부싸움을 하였습니다. 말없는 냉전기간이 며칠 동안 계속되어 심지어 자녀들까지 불안한 나날을 보내고 있었습니다. 원래 늦잠을 자던 남편이 지방출장을 가는 관계로 다음날 새벽 5시에 일어나야 했습니다. 아침 일찍 깨워달라는 말조차 하기 싫은 남편은 종이에 이런 메모를 적어 침대 옆에 두고 먼저 잠을 청하였습니다. "내일 새벽 5시에 깨워주시오!" 그리고 다음날 아침이 되었습니다. 그 남편이 좀 이상한 느낌이 들어서 화들짝 놀라 일어나보니 아니 벌써 아침 7시가 넘어가는 것이 아닙니까? "아니 이 여자가 정말 사람 죽이네..." 라며 허겁지겁 일어나다 보니 침대 옆에 종이 한 장이 놓여있었습니다. 그리고 그 종이에는 이런 간단한 글이 적혀있었습니다. "여보! 일어나요 5시예요!"

말씀 속으로

1. 가정은 하나님이 세우셨습니다.

하나님은 아담과 하와를 만드시고 가정을 세워주셨습니다 가정을 세워주신 목적은 서로 돕고 의지하고 사랑하며 행복하게 살라고 세워주신 것입니다 그리고 그 가정생활을 통하여 경건한 자녀들이 출생하도록 하셨습니다. 그러므로 그리스도인들은 가정을 소중히 여기고 가정 중심의 삶을 살므로 가정이 작은 천국이 되어야 합니다. 가족 모두가 한 하나님을 섬기며 믿음이 하나 되도록 힘써야 합니다. 고넬료는 로마의 백부장으로 이방인 장교였습니다. 그러나 그는 유대나라 가이사랴에 파견 근무하는 중 하나님에 대해 알게 되고 온가족이 하나님을 경외하며 섬겼습니다. 그는 항상 기도하며 어려운 사람들을 돌아보고 구제도 많이 하였습니다. 그의 가정은 모범적인 신앙가정이었습니다. 하나님은 고넬료의 구제와 기도를 기억하고 베드로를 보내어 가족 모두가 구원받게 하시고 성령받게 하였습니다.

성경읽기/ 사도행전 10:31에서 하나님은 무엇을 들으시고 기억하셨다고 하였는지 말해봅시다.

2. 가정을 소중히 여겨야 합니다.

가정은 삶의 안식처요 휴식처이며 행복의 보금자리입니다. 가정이 밝고 건강하면 사회도 밝고 건강하게 됩니다. 오늘날 사회가 어둡고 청소년들이 탈선하고 곁길로 가는 것은 가정이 어둡고 문제가 있기 때문입니다. 가정에 사랑이 없고 행복이 없고 부부가 서로 불신하며 싸우고 갈라지는데서 기인됩니다. 가정에서 안식과 만족을 누리지 못하는 사람은 그것이 직접 또는 간접적으로 직장생활이나 사회생활 교회생활에 영향을 미치고 이웃관계에서 영향을 미치게 됩니다. 장로회 신학대학에서 가족목회를 가르치는 임창범 교수는 교회에서 문제를 일으키는 대부분의 사람을 보면 10명 가운데 8-9명은 가정에 문제가 있다고 합니다. 오늘 이 세상의 비극은 결혼 따로 사랑 따로 하고 육체적인 성 관계를 따로 하는 것입니다. 이럴 때 가정이 파괴되고 그 속에서 자란 자녀들이 비행 청소년들이 됩니다.

그리스도인들은 가정이 천국의 모형이 되도록 서로 노력하고 힘써야 합니다. 가정을 소중이 여기는 길은 남편이 아내를, 아내가 남편을 부모가 자녀를, 자녀가 부모를 서로 사랑하고 존경하는 것입니다.

성경읽기/ 골로새서 3:18-19을 읽고 남편과 아내가 서로 어떻게 하라고 했는지 말해 봅시다.

3. 가정 중심의 생활에 힘써야 합니다.

우리가 사는 시대는 산업화시대가 되어 맞벌이 부부가 많아지고 있습니다. 가족이 함께 한자리에 모이는 시간이 점점 줄어들고 있습니다. 새벽부터 학교 가서 밤늦게 들어오는 자녀, 새벽부터 일 나가서 밤중에 들어오는 부모, 그래서 부모 자녀가 서로 얼굴 볼 시간이 없는 가정이 늘어나고 있습니다. 모처럼 휴일이 되어도 자녀는 자녀대로 스케줄이 잡히고 남편은 남편대로 또 아내는 아내대로 각기 일들이 잡혀 함께 있는 시간 만들기가 쉽지 않습니다. 가정이 삶의 안식처요 휴식처이며 행복의 보금자리가 아니라 여인숙이 되어가고 하숙집이 되어갑니다. 성도는 가정 중심의 삶을 살아야 합니다. 밖에서의 일을 마치면 바로바로 가정으로 들어가야 합니다. 직장회식이나 친구만남 등으로 부득이 늦을 수도 있겠지만 밖의 모임을 줄이고 가족모임을 자주 만들어야 합니다. 그리스도인들은 돈보다 가족을 우선순위에 두고 자신의 성공보다 가족의 행복을 우선순위에 두어야 합니다.

성경읽기/ 시편 127:1에서 가정을 누가 세워야 하는지 말해봅시다.

나가는 말

누군가 말하기를 "부부가 20대에는 서로가 신이 나서 살고, 30대에는 서로가 참으며 살고, 40대에는 서로가 포기하며 살고, 50대에는 서로가 불쌍해서 살고, 60대에는 서로가 없어서는 안되니까 살고, 70대에는 서로가 고마워서 산다."고 했습니다. 철이 들면 서로 불쌍한 줄 알게 되고, 서로 귀한 줄 알게 됩니다.

가정은 세상에서 교회만큼 중요한 곳입니다. 가정은 작은 교회요 작은 천국의 모형입니다 .

나눔의 시간

1. 오늘 말씀을 통하여 느낀 점을 말해봅시다.

2. 나는 가정과 직장 또는 가정일과 회사, 장사, 사업 중 어디를 더 중요시하는지 말해봅시다.

적용하기

오늘 말씀을 생활에 어떻게 적용할까 말해봅시다.

결단 및 합심기도

1. 가정 중심의 삶을 살지 못한 것이 있으면 반성하고 가정을 중요시하며 가정 중심의 삶을 살 것을 다짐하며 기도합시다.

2. 우리 구역부흥과 전도 대상자를 위하여 기도합시다.

감사 및 알림

헌금 및 기도, 교회소식, 구역소식, 다음모임, 주기도.

제9과 예배에 힘쓰라

- 본문/ 요한복음 4:22-24
- 인사/ 반갑습니다. 사랑합니다. 주님의 이름으로 축복합니다.
- 찬송/ 380, 621장
- 신앙고백 (기도)

말씀읽기

22 너희는 알지 못하는 것을 예배하고 우리는 아는 것을 예배하노니 이는 구원이 유대인에게
서 남이라 23 아버지께 참되게 예배하는 자들은 영과 진리로 예배할 때가 오나니 곧 이 때라
아버지께서는 자기에게 이렇게 예배하는 자들을 찾으시느니라 24 하나님은 영이시니 예배하
는 자가 영과 진리로 예배할지니라.

생각하기/ 예배 우선

이용규 선교사님의 저서 「내려놓음」에 나오는 간증입니다. 현지인 교회를 개척했는데, 한 자매가 귀가 안들렸는데 기도 가운데 듣게 됐다고 합니다. 그러니 얼마나 좋았겠습니까? 하나님이 살아계심을 체험했겠죠. 당연히 예배를 사모하게 되었을 겁니다. 그런데 이 자매가 소를 잃어버렸습니다. 몇 시간 동안 찾아 헤매도 발견할 수 없었습니다. 한편 예배시간이 다가옵니다. 얼마나 갈등이 됐을까요? 하지만 그 자매는 결단하고 예배의 자리에 나아갔습니다. 선교사님도 그 사정을 알고 하나님께 사정을 살펴 주시라고 간절히 기도했습니다. 예배가 끝났는데, 밖에 소 울음소리가 들렸습니다. 소가 제 발로 교회 앞까지 온 것입니다. 하나님의 역사였습니다. 이처럼 예배의 회복은 모든 것의 회복입니다.

말씀 속으로

1. 예배는 하나님을 섬기는 예식입니다.

예배 드리는 일은 중요한 일입니다. 예배는 하나님을 섬기며 영화롭게 하는 행위이기 때문입니다. 예배란 말은 구약에는 '아바드' 이고 신약 헬라어로는 '프로스쿠네오' 인데 이는 봉사, 혹은 섬김을 의미하며 엎드리다, 경배하다, 란 의미를 가지고 있습니다. 예배란 문자적으로 하나님을 섬기고 깊이 엎드리는 자세를 의미합니다. 하나님께서 이스라엘 백성들을 출애굽하게 하실 때에 그 핵심적 목적은 제사 즉 예배였습니다. 하나님은 여러 번 애굽에서 나온 후에 사흘 길을 가서 하나님께 제사를 드리게 하겠다고 하셨습니다. 애굽에서 마음껏 하나님께 제사하지 못하기 때문에 구속하신 것입니다. 하나님의 구속의 목적은 지금도 마찬가지입니다. 하나님을 예배하게 하려고 구속하셨습니다. 그러므로 성도는 예배 드리기를 힘써야 합니다. 주일 낮 예배 뿐만 아니라 주일 오후, 저녁예배와 수요, 금요 기도회 등에 모여서 예배 드리며 하나님께 영광을 돌리는 일들을 힘써야 합니다.

성경읽기/ 시편 100:2에서 어떻게 하나님을 섬기라고 했는지 말해봅시다.

2. 예배를 소홀히 하면 믿음이 무너집니다.

주일 성수와 예배는 믿음의 기초입니다. 기초가 부실하면 건물이 붕괴되듯 주일성수와 예배가 무너지면 믿음이 무너집니다. 그리스도인들은 목숨 걸고 주일성수하며 예배 드리는 일에 힘써야 합니다. 예배를 드리는 일에 힘을 쓰면 쓸수록 신령한 하늘의 복과 기름진 땅의 복을 받을 수 있습니다. 아브라함은 그가 머무는 곳마다 단을 쌓고 하나님께 예배를 드렸습니다. 하나님께 예배 드리기를 힘썼던 아브라함은 믿음의 조상이 되었습니다. 그러나 가인은 하나님께 예배를 잘못 드림으로 에덴에서 쫓겨났습니다.

우리는 하나님께 예배 드리기를 힘써야 합니다. 비가 오나 눈이 오나 더우나 추우나 어떤 환경, 어떤 조건이 주어진다고 하더라도 예배 드리는 일을 힘써야 합니다. 예배를 바르게 드려야 은혜를 받고 내 영혼이 힘을 얻고 승리하는 삶을 살 수 있습니다.

성경읽기/ 로마서 12:1에서 무엇으로 어떻게 예배를 드리라고 하였는지 말해봅시다.

3. 하나님은 예배하는 자를 찾으십니다.

예배는 가장 중요한 삶입니다. 예배는 교회의 존재 이유이자 목적입니다. 예수님께서 사마리아에서 한 여인을 만나 예배에 대하여 말씀하실 때, "하나님은 영이시니 예배하는 자가 신령과 진정으로 예배할지니라."(요4:24)고 하셨습니다. 신령의 예배는 하나님의 영과 인간의 영이 만나는 예배입니다. 하늘과 땅의 만남입니다. 하나님은 영이십니다. 그러므로 예배하는 자가 성령과 진리로 예배해야 합니다. 하나님은 이렇게 예배하는 사람을 찾으십니다. 인간과 하나님과의 만남이 예배입니다. 예배시간에 하늘의 신령한 만나를 내려주십니다. 이스라엘 백성들이 광야에서 만나를 먹고 살았듯이 오늘 그리스도인들은 예배를 통하여 내리시는 하늘의 신령한 양식을 먹어야 합니다. 그리스도인들은 모든 공적예배에 참석하여 마음과 정성을 다해 예배를 드려야 합니다.

성경읽기/ 역대상 16:29에서 어떻게 하나님께 경배하라고 하였는지 말해봅시다.

나가는 말

한국교회가 위기를 맞고 있습니다. 위기의 원인은 여러 가지가 있지만 그중 중요한 것은 예배를 소홀히 하고 있는 것입니다. 이 시대 교회와 민족이 다시 살아날 수 있는 길은 예배를 회복하는 것입니다. 우리의 예배가 회복될 때 이

민족이 살아날 것이며 예배가 회복될 때 내 가정이 살고, 내가 살아나는 역사가 있을 것입니다. 그러므로 그리스도인들은 삶 가운데 예배드리는 일을 최우선 순위에 두고 예배에 생명을 걸고 예배드리는 날을 소망하며 사모하며 예배드리는 일에 힘써야 합니다.

나눔의 시간

1. 오늘 말씀을 통하여 느낀 점을 말해봅시다.

2. 나는 예배드리는 일을 소홀히 하거나 빼먹은 적은 없는지 살펴보고 왜 그랬는지 나눠봅시다.

적용하기

오늘 말씀을 생활에 어떻게 적용할까 말해봅시다.

결단 및 합심기도

1. 예배를 소홀히 하거나 예배에 빠진 적이 있으면 회개하고 예배에 힘쓰는 삶을 살 것을 다짐하며 기도합시다.

2. 우리 구역부흥과 전도 대상자를 위하여 기도합시다.

감사 및 알림

헌금 및 기도, 교회소식, 구역소식, 다음모임, 주기도.

제10과 기도에 힘쓰라

- 본문/ 누가복음 22:44-46 (참고 행1:14)
- 인사/ 반갑습니다. 사랑합니다. 주님의 이름으로 축복합니다.
- 찬송/ 364, 365장
- 신앙고백 (기도)

말씀읽기

44 예수께서 힘쓰고 애써 더욱 간절히 기도하시니 땀이 땅에 떨어지는 핏방울 같이 되더라 45
기도 후에 일어나 제자들에게 가서 슬픔으로 인하여 잠든 것을 보시고 46 이르시되 어찌하여
자느냐 시험에 들지 않게 일어나 기도하라 하시니라

생각하기/ 기도하는 손

"기도하는 손" 이란 그림이 있습니다. 독일의 화가 알브레히트 뒤러(A, Drer 1471-1528)의 작품인데, 애틋한 사연이 담겨져 있습니다. 그림을 공부하는 두 친구가 있었는데 가난해서 둘이 함께 공부할 학비가 부족했습니다. 그래서 한 사람은 공부하고 한 사람은 돈을 벌어 뒷바라지하기로 뜻을 모았습니다. 서로에게 양보하다가 뒤러가 먼저 공부하게 됩니다. 그는 친구 덕분에 공부에 전념했고 마침내 성공합니다. 작품이 처음 팔리던 날 너무 기뻐서 돈을 들고 제일 먼저 친구를 찾아갑니다. 그런데 친구가 노동을 하느라 손가락이 휘고 거칠어져서 더 이상 그림을 그릴 수 없게 된 사실을 알게 됩니다. 그는 죄책감과 슬픔으로 방황합니다. 그러던 어느 날 교회당에서 조용히 기도하고 있는 친구의 모습을 목격합니다. 친구는 뒤러의 성공을 감사하면서 자기는 그림을 못그리게 됐으니 뒤러가 더욱 대성할 수 있게 해달라고 간절히 기도하고 있었습니다. 그 모습이 얼마나 아름다운지 그것을 스케치한 것이 "기도하는 손" 입니다.

말씀 속으로

1. 기도는 하나님과의 대화입니다.

아담이 죄를 지음으로 인간은 하나님과의 관계가 끊어졌습니다. 관계가 끊어진 것을 죽음이라고 합니다. 가지가 나무에서 단절되면 죽는 것입니다. 하나님과 관계가 단절되므로 모든 인간이 죽게 되었습니다. 그런데 하나님께서는 인간을 살리기 위하여 독생자 예수님을 보내셨습니다. 예수님께서 인간의 죄 문제를 해결하시므로 인간은 다시 하나님과의 관계가 회복 되었습니다. 이것이 다시 산 것입니다. 다시 산 인간에게 하나님께서는 하나님과의 관계를 계속 유지하는 길을 가르쳐 주셨습니다. 그것이 기도입니다. 기도는 하나님과의 대화이며 영적인 호흡이며 교제입니다. 피조물인 인간이 창조주 하나님과 대화할 수 있다는 것은 크나큰 축복이요 특권입니다. 그러므로 하나님의 자녀인 그리스도인들은 날마다 기도하는 삶을 살아야 합니다. 기도가 없는 신앙은 영적으로 죽은 신앙입니다.

성경읽기/ 데살로니가전서 5:17에서 바울사도는 언제 기도하라고 하였으며 그 의미를 말해봅시다.

2. 기도는 하나님과 손잡는 것입니다.

미국의 백화점 왕 존 워너메이커는 기도에 대해서 말하기를, "기도란 하나님과 손을 잡는 것이다." 라고 하였습니다. 즉 하나님께서 손을 잡아주시면 승리하게 되고 모든 문제가 해결된다는 뜻입니다. 하나님께서는 기도를 통해서 일하십니다.

고아들의 아버지 조지 뮬러의 기도 노트에는 수많은 사연이 적혀 있었는데 한 곳에는 이런 내용이 있었습니다. 어느 날 고아들에게 아침을 줄 음식이 없어서 전날 밤부터 새벽까지 간절히 기도했습니다. 그런데 새벽 3시에 갑자기

빵 공장 주인으로부터 전화가 왔습니다. "목사님! 오늘은 이상하게 잠이 오지 않고 잠을 자려고 하면 자꾸 누가 저를 깨웁니다. 그래서 지금 나가 빵이나 구우려고 하는데 오늘 아침 목사님에게 빵 좀 가져다 드려도 될까요?" 그 일로 그 날 고아들은 아침 식사를 거르지 않게 되었습니다. 힘써 기도할 때 하나님께서 기도를 들으시고 역사하십니다.

성경읽기/ 골로새서 4:2을 읽고 무엇을 항상 힘쓰며 무엇에 깨어있어야 하는지 말해봅시다.

3. 기도는 힘써서 해야 합니다.

예수님은 죽음을 앞에 두고 밤이 맞도록 기도하셨습니다. 예수님은 기도하시지 않으셔도 모든 것을 하실 수 있는 전능하신 하나님이십니다. 그런데도 예수님은 모든 일을 기도로 시작하셨고 기도의 삶을 사셨으며 기도로 사역을 마치셨습니다. 예수님은 새벽에도 기도하셨고(막1:35) 저녁에도 기도하셨으며(마14:23) 밤중에도 기도하셨습니다.(눅22:39) 예수님은 얼마나 간절히 기도하셨든지 땀이 피같이 쏟아졌습니다. 예수님께서 이같이 기도하신 것은 우리에게 기도의 본을 보여주신 것입니다. 예수님은 제자들에게 시험에 들지 않게 깨어있어 기도하라고 하셨습니다. 이 말은 기도하지 않으면 시험이 들고 넘어지게 된다는 의미입니다. 제자들은 기도하지 않고 졸며 자다가 위기가 닥칠 때 모두 넘어졌습니다. 앞으로 세상은 더욱 무서운 환난이 닥치게 됩니다. 이때 환난을 이기고 마귀의 시험을 이기려면 미리미리 기도를 저축해 놓아야 합니다.

성경읽기/ 베드로전서 4:7을 읽고 마지막 때에 어떻게 기도하라고 하였는지 말해봅시다.

나가는 말

예수님 승천 후 제자들과 성도들은 마가의 다락방에 모여 오직 기도에 힘썼습니다.(행1:14) 성경은 기도에 항상 힘쓸 것을 말씀하고 있습니다.(롬12:12) 기도는 시간이 날 때 하는 것이 아닙니다. 기도는 시간을 내서 힘써서 해야 합니다. 예수님도 기도에 힘썼습니다. 그런데 이 시대는 점점 기도가 약해지고 있습니다. 찬양은 잘해도 기도를 못하는 사람들이 많습니다. 기도하는데 힘쓰지 않고 다른 일에 힘쓰니 시험에 들고 넘어집니다. 기도에 힘써서 성령 받고 능력 받아 시험을 이기는 자들이 됩시다.

나눔의 시간

1. 오늘 말씀을 통하여 느낀 점을 말해봅시다.

2. 나는 매일 얼마나 기도에 힘쓰고 있는지 기도에 힘쓰지 못하고 있다면 왜 그런지 나눠봅시다.

적용하기

오늘 말씀을 생활에 어떻게 적용할까 말해봅시다.

결단 및 합심기도

1. 기도에 힘쓰지 못한 것을 회개하며 이제 기도시간을 정하고 항상 기도에 힘쓸 것을 다짐하며 기도합시다.

2. 우리 구역부흥과 전도 대상자를 위하여 기도합시다.

감사 및 알림

헌금 및 기도, 교회소식, 구역소식, 다음모임, 주기도.

제11과 전도에 힘쓰라

- 본문/ 마가복음 16:15-16, 디모데후서 4:1-2
- 인사/ 반갑습니다. 사랑합니다. 주님의 이름으로 축복합니다.
- 찬송/ 520, 511장
- 신앙고백 (기도)

말씀읽기

15 또 이르시되 너희는 온 천하에 다니며 만민에게 복음을 전파하라 16 믿고 세례를 받는 사람
은 구원을 얻을 것이요 믿지 않는 사람은 정죄를 받으리라 딤후4:1 하나님 앞과 살아있는 자와
죽은 자를 심판하실 그리스도 예수 앞에서 그가 나타나실 것과 그의 나라를 두고 엄히 명하노
니 2 너는 말씀을 전파하라 때를 얻든지 못 얻든지 항상 힘쓰라

생각하기/ 포기하지 말라.

불신자인 남편과 사는 아내가 있었습니다. 아내는 남편이 회개하기를 바라는 마음으로 매일 밤 12시만 되면 혼자 골방에 들어가 하나님께 부르짖었습니다. 하지만 일 년이 지나도 남편은 달라지지 않았습니다. 아내는 고민하기 시작했습니다. "남편이 회개하는 걸 포기할까? 아니야 하나님께서 내게 약속해 주셨는걸. 그래, 하나님께서 응답해주실 때까지 기도하자." 그날 밤 집에 돌아온 남편은 옷을 갈아입으러 방에 들어간 뒤 잠잠해졌습니다. 아내는 슬그머니 문을 열어 보았습니다. 뜻밖에도 남편은 무릎을 꿇고 하나님께 자신의 죄를 회개하고 있었습니다. 하나님께서 남편에게 직접 역사하신 것입니다. 다른 그 누구를 통하지 않고 하나님만의 방법으로 기도에 응답해 주신 것입니다. 선을 행하되 낙심치 않는다면 반드시 그 열매를 거둘 수 있습니다. 포기하지 마십시오.

말씀 속으로

1. 전도는 생명을 살리는 일입니다.

이 세상에서 가장 소중한 것이 있다면 그것이 무엇일까요? 돈일까요? 금덩어리 일까요? 아니면 명예일까요? 그것보다 더 중요한 것이 있습니다. 그것은 사람의 생명입니다. 예수님께서는 "사람이 만일 온 천하를 얻고도 제 목숨을 잃으면 무엇이 유익하리요 사람이 무엇을 주고 제 목숨과 바꾸겠느냐"(마 16:26)고 하셨습니다. 사람의 생명은 온 천하보다도 귀하다는 말씀입니다. 천하를 얻었다 할지라도 자기생명이 죽고 나면 아무 소용이 없습니다. 전도는 이 같이 귀한 생명을 살려내는 일입니다. 예수님을 모르고 사는 사람들은 그 생명이 영적으로 모두 죽어있습니다. 죽음이란 생명에서 분리되는 것입니다. 나무에서 가지가 꺾여지면 가지는 죽은 것이며 꽃이 꺾여지면 그 꽃은 보기에 아름답고 좋아도 죽은 것입니다. 예수님은 생명입니다. 그러므로 예수님을 떠나있는 모든 사람은 죽은 것입니다. 그 죽은 자를 생명 되시는 예수님께 접붙여 살리는 것이 전도입니다. 예수님은 죽은 생명들을 살리기 위하여 이 땅에 오신 것입니다.

성경읽기/ 요한복음 10:10을 읽고 예수님이 오신 목적과 양으로 생명을 얻게 한다는 의미를 말해봅시다.

2. 전도는 어명입니다.

어명이란 왕의 명령을 어명이라고 합니다. 어명은 거역할 수 없습니다. 거역하는 것은 곧 죽음을 의미합니다. 예수님은 만왕의 왕이십니다. 예수님은 이 땅에 오셔서 인류의 죄 문제를 해결해 주시고 하늘로 가시면서 어명을 남기셨습니다. "너희는 온 천하에 다니면서 만민에게 복음을 전파하라 믿고 세례를 받는 사람은 구원을 받을 것이요 믿지 않는 사람은 정죄를 받으리라"(막16:15-

16)고 하셨습니다. 바울 사도는 “그의 나라를 두고 엄히 명하노니 너는 말씀을 전파하라.”(딤후4;1-2)고 했습니다. 그리스도인들은 모두 이 어명을 받들어 전도에 힘써야 합니다. 전도는 해도 되고 안해도 되는 선택사항이 아닙니다. 반드시 해야만 하는 필수사항입니다. 바울사도는 “내가 복음을 전할지라도 자랑할 것이 없음은 부득불 할 일임이라 만일 복음을 전하지 아니하면 내게 화가 있을 것이로다”(고전9:16)고 하였습니다.

성경읽기/ 에스겔 33:8을 읽고 악인을 깨우치지 아니하면 어떻게 하신다고 하였는지 말해봅시다.

3. 전도는 가장 시급한 일입니다.

일에는 먼저 할 일이 있고 나중에 할 일이 있습니다. 급한 일이 있고 급하지 않는 일이 있습니다. 급한 일은 먼저 해야 하고 덜 급한 일은 그다음에 해야 하고 급하지 않는 일은 시간 날 때 천천히 해도 됩니다. 전도는 시급한 일입니다. 세상에서 사람을 살리는 일보다 더 중요하고 시급한 일은 없습니다. 생명이 위독한 환자가 있을 때는 앰브렌스가 교통신호를 초월하며 비상 싸이렌을 울리고 갑니다. 사람의 생명을 구해내기 위해서입니다. 전도는 바로 생명을 살리는 일입니다. 전도는 가장 중요하고 시급한 일입니다. 지금은 전도할 수 있는 기회입니다. 기회가 있을 때 우리의 가족, 형제, 친구, 이웃들을 한 명이라도 더 주님께 인도해야 합니다. 이일은 우리가 목숨 걸고 해야 할 일입니다. 우리의 최대 관심은 사람을 살리는 일에 두어야 합니다.

성경읽기/ 디모데후서 4:2을 읽고 언제 전도해야 할 것인지 말해봅시다.

나가는 말

전도는 세상에서 가장 소중한 일이요 가장 시급한 일이며 믿는 자들이 반드시 해야 할 사명이요 주님의 어명입니다. 전도는 생명을 살리는 일입니다. 세상에서 가장 소중한 것은 생명입니다. 주님은 이 생명들이 지옥으로 떨어지는 것을 보시고 안타까워하시며 우리에게 그들을 구해내라고 하십니다. 전도는 피할 수없는 어명입니다. 그리스도인들은 무엇보다도 전도에 힘써야 합니다. 때를 얻든지 못 얻든지 항상 힘써야 합니다.

나눔의 시간

1. 오늘 말씀을 통하여 느낀 점을 말해봅시다.

2. 나는 어명을 어떻게 수행하고 있는지 또는 생명 살리기 위해 무엇을 하고 있는지 나눠봅시다.

적용하기

오늘 말씀을 생활에 어떻게 적용할까 말해봅시다.

결단 및 합심기도

1. 어명을 거역한 것을 회개하며 이제부터 어명 받들어 생명 살리는 일에 힘쓸 것을 다짐하며 기도합시다.

2. 우리 구역부흥과 전도 대상자를 위하여 기도합시다.

감사 및 알림

헌금 및 기도, 교회소식, 구역소식, 다음모임, 주기도.

제12과 봉사에 힘쓰라

- 본문/ 베드로전서 4:9-11
- 인사/ 반갑습니다. 사랑합니다. 주님의 이름으로 축복합니다.
- 찬송/ 320, 330장
- 신앙고백 (기도)

말씀읽기

9 서로 대접하기를 원망 없이 하고 10 각각 은사를 받은대로 하나님의 각양 은혜를 맡은 선한 청지기 같이 서로 봉사하라 11 만일 누가 말하려면 하나님의 말씀을 하는것 같이 하고 누가 봉사하려면 하나님의 공급하시는 힘으로 하는것 같이 하라 이는 범사에 예수 그리스도로 말미암아 하나님이 영광을 받으시게 하려 함이니 그에게 영광과 권능이 세세에 무궁토록 있느니라 아멘

생각하기/ 부자와 아멘소리

요한 웨슬레가 설교를 하고 있을 때에 그 곳에 욕심이 많은 한 부자가 앉아 있었습니다. 그 부자는 설교를 들을 때에 "아멘! 아멘!" 하면서 아주 잘 받아들였습니다. 사람들은 그 사람이 부자가 된 것은 아멘을 잘해서 되었다고 생각하였습니다.

웨슬레: "여러분은 할 수 있는 대로 돈을 많이 버십시오." 부자: "아멘!"(큰 목소리로)

웨슬레: "여러분은 돈을 벌되 할 수 있는 대로 저축을 많이 하세요" 부자: "아멘! 아멘!" (더큰 목소리로) 그 때에 웨슬레는 "저축한 돈을 가난한 사람들에게 나눠주고, 주님의 교회를 위해서 쓰세요." 그러자 그 때부터 부자의 입에서는 아멘 소리가 없어졌고 불평하기를 "오늘 설교는 다 좋았는데 마지막이 좋지 않았어." 라고 했답니다.

말씀 속으로

1. 봉사는 교회의 본질이요 사명입니다.

교회에 4대 사명이 있습니다. 예배 교육 전도 봉사입니다. 그리스도인이 봉사하는 것은 교회의 사명을 수행하는 것입니다. 그러므로 봉사하는 일은 보람되고 아름답습니다. 교회는 서로서로 사랑하며 섬기며 봉사하는 공동체입니다. 그리스도인들은 봉사할 때 비로서 교회에 일원이 됨을 느끼고 봉사할 때 예수님을 닮고 예수님께 속한자로 인정을 받게 됩니다. 우리는 봉사함으로써 성도됨을 스스로 확인할 수 있습니다. 그러므로 모든 성도는 자신에게 맞는 봉사를 해야 합니다. 성경은 은사대로 봉사하라고 했습니다. 은사란 나에게 주어진 재능과 힘, 능력입니다.

하나님은 모든 사람에게 한가지 이상의 재능 은사를 주셨습니다. 우리는 나에게 있는 은사를 찾아 봉사해야 합니다. 은사대로 일하면 봉사가 즐겁고 보람을 느낍니다. 봉사는 성도의 사명이요 본질입니다. 우리는 봉사에 힘써야 됩니다. 말세가 가까울수록 더욱 봉사에 힘써야 합니다. 봉사할 기회가 얼마 남지 않았기 때문입니다.

성경읽기/ 베드로전서 4:10에서 어떻게 봉사하라고 하였는지 말해봅시다.

2. 봉사는 사랑실천입니다.

베드로사도는 서로 대접하기를 원망 없이 하라고 했습니다. 봉사할 때 댓가를 바라고 하는 것은 봉사가 아닙니다. 인정을 받으려고 하는 것도 봉사가 아닙니다. 칭찬 받으려고 하는 것도 봉사가 아닙니다. 참된 봉사는 종의 자세로 하는 것입니다. 종은 자만하거나 우쭐해하지 않습니다. 그리고 댓가를 바라지 않습니다. 종의 자세로 봉사할 때는 다투거나 원망할 일이 일어나지 않습니다. 우리는 모두 교회에서나 사회에 나가서 봉사할 때 종의 자세로 봉사하여야 합니다. 예수님은 하나님의 본체이시지만 하나님과 동등됨을 취하지 아니하시고 종으로 이 땅에 오셔서 스스로 섬김의 삶을 사셨습니다.(빌2:6-8) 그리스도의 제자된 우리들은 예수님처럼 종의 자세로 섬기며 봉사할 때 그리스도의 사랑이 전달되고 그리스도의 향기가 나타나게 됩니다. 봉사는 사랑의 실천입니다.

성경읽기/ 마가복음 10:45을 읽고 예수님이 오신 목적에 대하여 말해봅시다.

3. 봉사에는 상급이 약속되어 있습니다.

봉사는 댓가를 바라지 않고 하는 것입니다. 그러나 예수님은 봉사하며 일하는 자에게 상을 약속하셨습니다. 예수님이 다시 오실 때에 상을 가지고 와서 각 사람의 일한대로 봉사한대로 갚아주시겠다고 하셨습니다.(계22:12) 봉사할 때 우리는 주님 앞에서 상을 받을 수 있습니다. 또한 우리가 봉사하는 삶을 살 때 우리의 자손이 잘 되는 복을 받게 됩니다. 시편 37:26에서 "저는 종일토록 은혜를 베풀고 꾸어 주니 그 자손이 복을 받는도다." 라고 하였습니다. "종일토록 봉사했더니 그 자손이 복을 받는다는" 말씀입니다. 하나님의 일에는 반드시 상급과 축복이 약속되어 있습니다. 그러므로 우리는 봉사하다가 낙심하지 말고 끝까지 인내를 가지고 봉사해야 합니다. 바울사도는 우리가 선을 행하다가 낙심치 말라고 하였습니다.(갈6:9)

성경읽기/ 마태복음 10:42에서 예수님은 어떤 자에게 상을 잃지 아니하리라고 하셨는지 말해봅시다.

나가는 말

하나님은 봉사할 사람을 찾고 계십니다. 하나님은 일할 것은 많으나 일꾼이 적다고 하였습니다. 하나님이 우리에게 건강주시고 직분주시고 물질주시고 은

사주신 것은 그것으로 봉사하라고 주신 것입니다. 봉사하는 삶은 주님의 사랑을 실천하는 삶입니다. 그리스도의 향기를 나타내는 삶입니다. 봉사할 때 상급이 주어집니다. 봉사할 때 자손이 복을 받습니다. 세상사는 동안 봉사에 힘쓰므로 주님 앞에서 큰상을 받는 자들이 됩시다.

나눔의 시간

1. 오늘 말씀을 통하여 느낀 점을 말해봅시다.

2. 나는 어떤 일에 봉사하고 있으며 그 일에 보람이나 만족을 느끼고 있는지 나눠봅시다.

적용하기

오늘 말씀을 생활에 어떻게 적용할까 말해봅시다.

결단 및 합심기도

1. 지금까지 봉사에 힘쓰지 못하였으면 회개하고 이제부터 봉사에 힘쓸 것을 다짐하며 기도합시다.

2. 우리 구역부흥과 전도 대상자를 위하여 기도합시다.

감사 및 알림

헌금 및 기도, 교회소식, 구역소식, 다음모임, 주기도.

제13과 십자가의 도

- 본문/ 고린도전서 1:17-18
- 인사/ 반갑습니다. 사랑합니다. 주님의 이름으로 축복합니다.
- 찬송/ 259, 154장
- 신앙고백 (기도)

말씀읽기

17 그리스도께서 나를 보내심은 세례를 베풀게 하려 하심이 아니요 오직 복음을 전하게 하려
하심이로되 말의 지혜로 하지 아니함은 그리스도의 십자가가 헛되지 않게 하려 함이라 18 십
자가의 도가 멸망하는 자들에게는 미련한 것이요 구원을 받는 우리에게는 하나님의 능력이라

생각하기/ 벤허

월리스가 쓴 '벤허' 라는 소설이 있습니다. 영화로도 아카데미상 작품상을 비롯한 11개 부분에 상을 받았습니다. 주인공 벤허는 유대인으로 우발적인 사고로 노예가 되고, 가장 친한 친구로부터 버림을 받습니다. 설상가상으로 어머니와 누이동생이 문둥병자가 되었습니다. 노예로 팔려갈 때 거의 사경을 헤매고 있는 그에게 예수님이 마실 물을 주십니다. 그 후 그는 노예선이 침몰될 때 생명을 구해준 댓가로 로마의 호민관의 양아들이 되어 다시 유대로 돌아왔고, 그렇게 증오하던 친구의 죽음을 보게 됩니다. 어느 날 유대인의 왕 예수라는 사람의 사형 집행이 있다고 하여 그곳에 갔다가 우연히 예수를 만나게 됩니다. 그런데 골고다의 길에서 갈증으로 괴로워하는 예수가 바로 몇 년 전 자기에게 물을 주었던 분이었습니다. 안타까운 마음으로 물을 떠서 예수께 가져가려 하는데 로마 병사가 그를 가로 막았습니다. 그의 눈이 예수님의 얼굴과 마주쳤습니다. 그에게 미소 짓는 예수를 보았습니다. 그는 미친 듯이 좇아 올라가 십자가에 못 박혀 죽어가는 예수님을 목격합니다. 자기도 모르게 "오, 주

님이여!" 라는 말이 터져 나왔습니다. 순간 그의 마음속에 증오가 사라지고 문둥병에 걸렸던 어머니와 누이가 깨끗하게 고침을 받게 되었습니다. 복수와 증오심으로 어둡게 살아온 그가 십자가에 달려 죽어가던 예수님을 통해 십자가의 도를 경험한 것입니다.

말씀 속으로

1. 십자가의 도는 사랑입니다.

십자가는 기독교의 상징이며 복음의 핵심입니다. 기독교의 본질을 한 마디로 말하면 십자가입니다. 그래서 기독교의 모든 교회당에는 십자가가 서 있습니다. 기독교의 심벌마크는 십자가입니다. 이 십자가 안에 하나님의 모든 뜻과 섭리가 담겨져 있습니다. 하나님은 십자가를 통하여 하나님의 사랑을 나타내셨습니다.

하나님을 믿는 사람들은 십자가를 통해서 하나님의 사랑을 알게 되고 보게 됩니다. 십자가는 하나님께서 얼마나 인간을 사랑하셨는지, 그 사랑 때문에 얼마나 고통 받으셨는지를 보여주십니다.

성경읽기/ 갈라디아서 6:14에서 바울사도는 무엇만을 자랑하겠다고 하였는지 말해봅시다.

2. 십자가의 도는 용서입니다.

하나님은 죄인된 인류를 구원하시려고 아들을 이 땅에 보내사 십자가를 지게 하셨습니다. 사랑하는 아들을 죽게 하시므로 인류의 죄 값을 대신지게 하신 것입니다. 그러므로 누구든지 예수 안에서 죄를 용서받게 되었습니다. 십자가의 도는 용서입니다. 예수님은 자신을 십자가에 못 박는 저들의 죄를 용서하여 달라고 기도하셨습니다. 그리고 십자가에서 운명하시는 순간 성소와 지성소

사이를 가로막고 있던 성소휘장에 위에서 아래로 찢어졌습니다. 하나님과 인간 사이의 막힌 담이 무너진 것입니다. 하나님께서 무너뜨려 버리신 것입니다. 그러므로 죄인된 인간이 이제 십자가를 통하여 하나님께 나아갈 수 있게 되었습니다.

성경읽기/ 에베소서 2:16을 읽고 어떻게 하나님과 화목이 되고 원수된 것이 소멸되었는지를 말해봅시다.

3. 십자가는 하나님의 공의와 지혜입니다

하나님은 죄의 값은 사망이라는 하나님의 법을 집행하심에 있어서 자신의 아들을 대속 제물로 삼으셨습니다. 십자가는 죄에 대한 하나님의 심판이요, 하나님의 공의를 성취하는 상징입니다. 예수님은 십자가상에서 "엘리엘리 라마 사박다니 나의 하나님 나의 하나님 어찌하여 나를 버리시나이까"라고 절규하셨지만 하나님은 아들의 십자가 죽음을 묵묵히 지켜보셔야 했습니다. 예수님이 십자가에 달리실 때 하나님께서 그냥 지켜보셨던 것은 하나님께 능력이 없어서가 아니었습니다. 지혜가 없어서도 아니었습니다. 하나님은 하늘의 천군천사를 보내 그 일들을 막을 수 있었습니다. 하늘에서 불을 내려 아들을 십자가에 못 박는 사람들을 다 살라버릴 수도 있었습니다. 그럼에도 불구하고 하나님은 참으시고 사랑하는 아들이 죽는 것을 그냥 지켜만 보셨습니다. 바로 그 속에 인류를 구원하시기 위한 하나님의 지혜가 들어있었기 때문입니다. 이것은 철학자들이나 서기관들이나 세상지혜로는 도저히 깨닫지 못하는 하나님의 지혜입니다.

성경읽기/ 고린도전서 1:23에서 무엇이 사람보다 지혜로우며 강하다고 하였는지 말해봅시다.

나가는 말

우리에게 진정으로 필요한 것은 십자가입니다. 우리가 세상을 향해 줄 수 있는 것은 십자가입니다. 그러므로 우리는 십자가의 도를 붙들어야 합니다. 하나님의 어리석음이 사람보다 지혜롭고 하나님의 약하심이 사람보다 강합니다.(고전1:25) 모든 신앙의 행위는 십자가로부터 출발해야 합니다. 십자가 없는 헌신이나 활동들은 신앙적 행위가 아니라 사회활동에 불과합니다. 교회가 아무리 사회봉사를 많이 해도 십자가가 빠지면 세상 단체 중 하나일 뿐입니다. 교회가 세상에 줄 것은 십자가의 사랑 밖에 없습니다.

나눔의 시간

1. 오늘 말씀을 통하여 느낀 점을 말해봅시다.
2. 하나님의 공의와 사랑이 십자가에서 어떻게 나타났는지 나눠봅시다.

적용하기

오늘 말씀을 생활에 어떻게 적용할까 말해봅시다.

결단 및 합심기도

1. 십자가의 도를 실천하지 못한 것을 회개하며 이제부터 십자가의 도를 실천하며 살 것을 다짐하며 기도합시다.
2. 우리 구역부흥과 전도 대상자를 위하여 기도합시다.

감사 및 알림

헌금 및 기도, 교회소식, 구역소식, 다음모임, 주기도.

제14과 십자가의 능력

- 본문/ 에베소서 2:16-18
- 인사/ 반갑습니다. 사랑합니다. 주님의 이름으로 축복합니다.
- 찬송/ 268, 544장
- 신앙고백 (기도)

말씀읽기

16 또 십자가로 이 둘을 한 몸으로 하나님과 화목하게 하려 하심이라 원수 된 것을 십자가로
소멸하시고 17 또 오셔서 먼 데 있는 너희에게 평안을 전하시고 가까운 데 있는 자들에게 평안
을 전하셨으니 18 이는 그로 말미암아 우리 둘이 한 성령 안에서 아버지께 나아감을 얻게 하려
하심이라

생각하기/ 호세 카레라스

세계적인 성악가 호세 카레라스(Jose Carreras)는 41세의 젊은 나이에 백혈병에 걸리게 됩니다. 그때 그는 십자가를 바라보며 하나님을 붙들고 기도하기 시작합니다. "나의 생명을 연장해 주시면 남은 평생 주를 위해 살겠습니다." 이어 골수 이식 수술과 항암치료를 받았습니다. 머리카락은 빠지고 손톱과 발톱도 떨어져 나갔습니다. 그러나 그는 기도를 멈추지 않았습니다. 하나님은 그의 간구를 들어주었습니다. 기적같이 새 생명을 얻은 그는 자신을 살려주신 하나님의 뜻을 깨달았습니다. 그는 전 재산을 팔아 바르셀로나에 "호세 카레라스 백혈병 재단"을 세웠습니다. 공연 수익금은 모두 이곳으로 보내졌습니다. 그는 말하기를 "때로는 질병도 은혜가 될 때가 있습니다. 백혈병과의 싸움을 통해서 나보다 남을 아는 사람이 되었습니다. 이제 단순히 노래만 부르는 것이 아니라 하나님을 증거하고, 절망에 빠진 사람에게 소망을 주는 인생을 살기 원합니다." 호세 카레라스는 십자가의 능력으로 인해 변화된 삶을 살게

된 것입니다.

말씀 속으로

1. 십자가는 죄에서 해방하는 능력입니다.

종교개혁자 마틴 루터는 로마 가톨릭의 관념적인 신학에 한계를 느끼고 자기 죄문제로 인하여 고심하는 가운데 수도원에 들어갑니다. 그는 세상문제로 고민하던 사람이 아닙니다. 오로지 그의 관심은 '내 죄' 의 문제였습니다. 그러던 그가 수도원에서 자기 죄문제와 씨름을 하면서 고민하다가 십자가를 바라보게 됩니다. 그 십자가를 보는 순간 하나님의 말씀 로마서 1:17 말씀이 떠올랐습니다. "오직 의인은 믿음으로 말미암아 살리라" 이 말씀을 깨달음으로 그는 새 사람이 됩니다. 그는 진정한 종교개혁자로 거듭나게 되고 능력 있게 이 일을 감당하게 됩니다.

예수님께서 십자가를 지신 것은 우리의 죄 값을 치르신 것입니다. 이것을 믿는 사람은 죄에서 해방 받았습니다. 십자가는 속죄의 능력입니다.

성경읽기/ 베드로전서 2:24을 읽고 예수님이 어떻게 우리 죄를 담당하셨는지 말해봅시다.

2. 십자가는 영생을 얻게 하는 능력입니다.

죄의 결과는 죽음입니다. 예수님께서 십자가에서 죄의 문제를 해결해 주셨습니다. 그래서 그것을 믿는 사람들은 죄사함을 받고 하나님의 자녀가 됩니다. 하나님의 자녀이기 때문에 하나님 아버지와 함께 천국에서 영원히 살게 됩니다.

이 영생은 단지 죽지 않고 오래 동안 사는 것이 아닙니다. 예수님을 믿지 않는 사람들도 마지막날에는 다시 살아 영원히 살게 됩니다. 그러나 그것을 영생이라 하지 않습니다. 그 삶은 영벌의 삶이 됩니다. 지옥에서 영원히 사는 것입니다. 예수님의 십자가를 믿음으로 얻는 영생은 하나님과 함께 천국에서 영원히 사는 영생입니다. 사도요한은 "아들을 믿는 너희에게 이것을 쓴 것은 너희로 하여금 너희에게 영생이 있음을 알게 하려 함이라"고 하였습니다.(요일 5:13) 예수님의 십자가는 믿는 자에게 영생을 주는 하나님의 능력입니다.

성경읽기/ 요한복음 5:24을 읽고 어떤 자가 영생을 얻었다고 하였는지 말해봅시다.

3. 십자가는 치유의 능력입니다.

미국 켄터키 주립정신병원에 광기 우울증으로 입원한 '캐롤(Carol)'이란 여인은 평소에 얌전하다가 발작을 시작하면 거칠어져 물건을 집어던지기도 하고 칼을 들고 설치기도 합니다. 우울증으로 인해 직장에서 쫓겨났으며 남편한테는 이혼을 당하고 정신병 환자가 되어 입원하게 된 것입니다. 누구도 그녀를 도와주려 하지 않고 언제 발작을 일으킬지 겁이나 옆에 가지도 않았습니다. 그런데 믿음 좋은 친구가 찾아와 성경을 읽어주며 예수님의 십자가를 바라보고 기도하라 권면을 합니다. 처음에는 완강히 거절하였지만 친구의 끈질긴 사랑으로 십자가에 달린 예수님만이 나를 구원할 수 있고, 예수님만이 이 질병에서 고쳐 주실 수 있다고 고백하였습니다. 그녀가 입으로 시인하자 증세는 점점 사라지고 고침을 받게 됩니다.

예수님은 십자가에서 우리의 연약함과 병을 짊어지셨습니다. 십자가는 병든 삶에 치유를 주시는 능력입니다. 하나님께서는 지금도 십자가를 통하여 치유의 은혜를 허락하여 주십니다.

성경읽기/ 마태복음 8:17을 읽고 예수님께서 우리의 무엇을 짊어지셨는지 말해봅시다.

나가는 말

예수 그리스도의 십자가는 하나님의 능력입니다. 십자가는 이론이 아니라 죄사함의 능력이요, 구원의 능력이요, 병을 치유하는 능력이요, 영생의 능력입니다. 그러므로 누구든지 예수님을 십자가를 믿기만 하면 죄사함 받고 구원을 받고 영원히 사는 영생을 얻습니다. 이 십자가를 믿는 사람은 오늘도 이 능력을 체험하며 능력있는 삶을 살게 됩니다. 우리는 날마다 십자가의 능력을 믿고 십자가를 통하여 문제를 해결 받고 승리하는 삶을 살아갑시다.

나눔의 시간

1. 오늘 말씀을 통하여 느낀 점을 말해봅시다.

2. 나는 십자가를 통하여 어떤 능력을 체험하였는지 내가 체험한 십자가의 능력들에 대하여 나눠봅시다.

적용하기

오늘 말씀을 생활에 어떻게 적용할까 말해봅시다.

결단 및 합심기도

1. 십자가의 능력을 체험하고 이 십자가를 전하며 살 것을 다짐하며 기도합시다.

2. 우리 구역부흥과 전도 대상자를 위하여 기도합시다.

감사 및 알림

헌금 및 기도, 교회소식, 구역소식, 다음모임, 주기도.

제15과 십자가의 영광

- 본문/ 빌립보서 2:8-11
- 인사/ 반갑습니다. 사랑합니다. 주님의 이름으로 축복합니다,
- 찬송/ 250, 439장
- 신앙고백 (기도)

말씀읽기

8 사람의 모양으로 나타나셨으매 자기를 낮추시고 죽기까지 복종하셨으니 곧 십자가에 죽으심
이라 9 이러므로 하나님이 그를 지극히 높여 모든 이름 위에 뛰어난 이름을 주사 10 하늘에 있
는 자들과 땅에 있는 자들과 땅 아래 있는 자들로 모든 무릎을 예수의 이름에 꿇게 하시고 11
모든 입으로 예수그리스도를 주라 시인하여 하나님 아버지께 영광을 돌리게 하셨느니라

생각하기/ 화니 크로스비 (1823-1915)

크로스비는 뉴욕주의 조그마한 시골마을에 청교도 가정에서 태어났습니다. 그는 태어난지 몇 달 만에 몸에 열이나고 눈꼽이 끼자 약을 잘못 넣어 시력을 잃게 됩니다. 그리고 1년 만에 아버지가 돌아가십니다. 그러나 그는 그러한 환경에서도 좌절하거나 낙심하지 않았습니다. 그가 아홉 살때 하나님께 나의 눈은 볼수 없지만 나의 머리와 손을 써달라고 기도했습니다. 그는 15세에 맹인학교에 들어갔는데 특별한 문학적인 재능이 있어 그때부터 찬송시를 쓰기 시작했습니다. 그는 평생 가장 많은 찬송시를 썼습니다. 그는 소경된 것도 하나님의 은혜라고 하며 자신이 그리스도인이란 단 한가지 이유만으로도 충분히 감사하다고 고백을 했습니다. 그가 쓴 찬송시 중에는 279장 인애하신 구세주여, 240장 주가 맡긴 모든 역사, 384장 나의 갈길 다가도록, 439장 십자가로 가까이 등 24곡 이상이 찬송가에 들어있습니다. 그중에 439장 후렴에는 "십자가 십자가 무한 영광일세 요단강을 건넌 후 무한 영광일세" 하며 십자가

의 영광을 찬양하고 있습니다.

말씀 속으로

1. 십자가의 영광은 낮아짐으로 얻습니다.

예수님은 자기를 낮추시고 죽기까지 복종하여 십자가에 죽으셨습니다. 예수님은 하나님과 동등되시며 하나님의 독생자이십니다. 그러나 예수님은 자기를 비어 종의 형체로 낮아지셨습니다. 이러므로 하나님이 그를 지극히 높였다고 하셨습니다.(빌2:9) '이러므로' 란 예수님이 자기를 낮추시고 죽기까지 복종하심으로 라는 말씀입니다. 이 십자가를 지시고 죽기까지 복종하심으로 하나님은 예수님을 지극히 높이셔서 모든 이름 위에 뛰어난 이름을 주셨습니다. 또한 하늘에 있는 자들과 땅에 있는 자들과 땅 아래 있는 자들로 모든 무릎을 예수의 이름에 꿇게 하셨습니다.(빌2:9-10) 하늘에 있는 자들은 천군 천사들과 먼저 하늘에 간 의인의 영들을 말합니다. 땅에 있는 자들은 지구상에 존재한 모든 자들을 말합니다. 땅 아래 있는 자들은 지옥에 있는 자들을 말합니다. 지금은 예수님을 거역하고 믿지 않는 자들도 이제 주 예수 그리스도께서 구름을 타시고 영광 가운데 심판주로 다시 오시는 그날에 그들은 두려움에 떨면서 주 예수 그리스도께 무릎을 꿇고 굴복하게 될 것입니다.

성경읽기/ 빌립보서 2:11을 읽고 누가 예수를 주라 시인한다고 했는지 말해봅시다.

2. 십자가의 영광은 사명을 감당함으로 얻습니다.

십자가는 자기부인과 희생입니다. 자기를 낮추는 것이고 복종하는 것입니다. 십자가는 복종의 극치입니다. 십자가를 앞에 두신 예수님은 깊은 고뇌에 찬 기도를 하셨습니다. 마태복음 26:39 말씀에 "내 아버지여 만일 할 만하시거든 이 잔을 내게서 지나가게 하옵소서 그러나 나의 원대로 마옵시고 아버지의 원대로 하옵소서."라고 하셨습니다. 예수님은 사명의 십자가를 지셨습니다. 십자가는 사명입니다. 하나님이 맡기신 사명을 감당할 때 아픔과 고통, 희생이 따를 수 있습니다. 그러나 이 사명의 십자가를 져야만 영광이 주어집니다. 하나님의 명령을 따라 순종하며 나아가는 길은 장미꽃이 만발한 환희의 길이 아닙니다. 험한 가시밭길, 좁은 길, 고난의 길, 십자가의 길입니다. 하지만 사명을 따라 순종한 뒤에는 하나님이 주시는 영광이 예비되어 있습니다. 십자가를 질때 하나님은 그를 높이시고 영광을 주십니다.

성경읽기/ 히브리서 12:2을 읽고 예수님이 십자가를 참으신 결과 어떻게 되셨는지 말해봅시다.

3. 십자가 뒤에 영광입니다.

십자가를 지면 영광을 얻게 됩니다. 예수님이 누리시는 영광은 어느 날 우연히 저절로 찾아온 것이 아닙니다. 십자가 없는 영광은 없습니다. 십자가를 지면 어떤 영광이 주어지는가? 첫째 하나님께서 뛰어난 이름을 주십니다.

테레사 수녀가 빈민가에서 희생하며 사명의 십자가를 짐으로 성녀라는 이름을 얻었습니다. 둘째 모든 자에게 존경을 받습니다.(빌2:10) 하나님이 지극히 높여주십니다. 셋째 아버지께 영광을 돌리게 하십니다.(빌2:11) 십자가를 질때 그를 보고 사람들이 예수님을 주라 시인하게 됩니다. 그리고 하나님께 영광을 돌리게 됩니다. 예수 그리스도를 위하여 버리고 희생한 만큼 영광이 크게 될 것입니다.

성경읽기/ 마가복음 10:29-30을 일고 예수님을 위하여 버린 자는 무엇을 얼마나 받는다고 했는지 말해봅시다.

나가는 말

십자가는 본래 고통과 치욕과 희생입니다. 그러나 예수 그리스도를 위하여 십자가를 지면 영광이 됩니다. 십자가가 무거우면 무거운 만큼 영광이 크고 십자가가 크면 큰 만큼 영광이 큽니다. 그러므로 그리스도인들은 십자가 뒤에 있는 영광을 바라보고 십자가를 참으며 주어진 십자가를 감당해야 합니다.

나눔의 시간

1. 오늘 말씀을 통하여 느낀 점을 말해봅시다.
2. 예수님 믿는것 때문에 고난 당한 일이 있으면 나눠봅시다.

적용하기

오늘 말씀을 생활에 어떻게 적용할까 말해봅시다.

결단 및 합심기도

1. 십자가를 지므로 영광 얻기를 다짐하며 기도합시다.
2. 우리 구역부흥과 전도 대상자를 위하여 기도합시다.

감사 및 알림

헌금 및 기도, 교회소식, 구역소식, 다음모임, 주기도.

제16과 십자가를 지는 삶

- 본문/ 마가복음 8:34-37
- 인사/ 반갑습니다. 사랑합니다. 주님의 이름으로 축복합니다.
- 찬송/ 461, 595장
- 신앙고백 (기도)

말씀읽기

34 무리와 제자들을 불러 이르시되 누구든지 나를 따라오려거든 자기를 부인하고 자기 십자가
를 지고 나를 따를 것이니라 35 누구든지 자기 목숨을 구원하고자 하면 잃을 것이요 누구든지
나와 복음을 위하여 자기 목숨을 잃으면 구원하리라 36 사람이 만일 온 천하를 얻고도 자기 목
숨을 잃으면 무엇이 유익하리요 37 사람이 무엇을 주고 자기 목숨과 바꾸겠느냐

생각하기/ 주기철 목사의 십자가의 길

「눈물 없이 못가는 길, 피 없이 못가는 길, 영문 밖의 좁은 길이 골고다의 길이라네 영생복락 얻으려면 이 길만은 걸어야 해. 배고파도 올라가고, 죽더라도 올라가세.」

「십자가의 고개턱이 제 아무리 어려워도, 주님가신 길이오니 내가 어찌 못 가리오, 주님 제자 베드로는 거꾸로도 갔사오니, 고생이라 못 가오며 죽음이라 못 가오리」

주기철 목사님은 일제시대 때 신사참배를 끝내 거부하다가 저들의 만행에 의하여 순교하신 분입니다. 예수께서 당하신 십자가의 고통을 생각하면 이까짓 일본 놈들의 고문쯤이야 얼마든지 견딜 수 있지 하면서, '십자가를 지고 가는 길' 이라는 신앙시를 지었습니다.

말씀 속으로

1. 십자가는 고난과 치욕의 상징입니다.

유대인들에게 있어서 십자가는 가장 저주스런 치욕의 상징입니다.

역사가 요세푸스의 유대 고대사 기록에 따르면 유대인들이 로마에 반기를 들 때마다 로마는 유대인들을 잔인하게 굴복시키며 십자가형에 처했습니다. 로마의 통치자 바루스는 한꺼번에 2,000명을 십자가에 처형하였으며 본보기로 그 시신들을 길거리에 세워두기까지 했습니다. 로마의 군병들이 동족의 목숨을 빼앗는 것도 부족하여 시신에까지 욕을 보이고 있으니 유대인들에게 십자가는 치욕과 저주의 상징이었습니다. 자기 십자가를 지라는 말은 치욕과 곤욕을 치를 각오를 하라는 말입니다.

주님께서는 제자들에게 십자가를 지고 나를 따르라고 하십니다. 이는 주님을 따르는 자들은 이 땅에서 믿음으로 인한 고난과 치욕을 각오해야 한다는 말입니다.

성경읽기/ 마태복음 10:38을 읽고 주님께 합당한자는 어떤 자인가 말해봅시다.

2. 십자가를 지는 삶은 자기 부인입니다.

자기 부인이란 자기를 다스리고 절제하고 육적인 욕망을 죽이는 것을 의미합니다. 우리 속에는 옛사람의 욕망이 있습니다. 세상풍습을 따르려는 욕구가 있습니다. 예수님을 따르려면 이 옛사람을 죽이고 자기 속에 있는 자존심, 혈기, 교만, 육적욕망을 버려야 합니다. 그래야 주님을 온전히 따를 수 있습니다. 먹고 싶은 대로 먹고, 가고 싶은 곳에 가고 하고 싶은 대로 다 하면서 예수님을 따라 갈 수는 없습니다. 옛사람이 원하는 것과 주님이 원하는 것은 다릅니다. 자기를 부인하지 아니하고는 십자가를 질 수 없고, 주님을 따를 수 없습니다. 십자가는 자기와의 싸움입니다. 자기 자존심, 자기 교만, 자기 자랑과 자기 정욕과의 싸움입니다. 이런 것들을 죽이는 것이 바로 십자가를 지는 것입니다.

모 교회에 여집사님은 외모도 빼어나고 자녀도 둘이 있고 여러 가지로 훌륭한 분인데 집안이 늘 편치가 않았습니다. 몇 달 함께 사는가 싶으면 또 별거를 합니다. 목사님이 한 번은 조용히 만나 이야기를 했습니다. "행복하게 살기에도 짧은 세상인데 왜 그리 싸우며 사느냐고." 여집사님이 대답하기를 "목사님 내가 실천을 못해서 그렇지 방법은 있습니다." "그 방법이 무엇입니까?" "목사님, 내가 죽지 않아서 그렇습니다. 죽으면 됩니다." 맞습니다. 내가 죽으면 됩니다.

성경읽기/ 마가복음 8:35에서 어떤 자가 목숨을 구원하리라고 하였는지 말해봅시다.

3. 십자가를 지는 삶은 주님을 위한 헌신입니다.

십자가는 주님을 위해 봉사하며 헌신하는 삶을 뜻합니다. 주님을 따르는 삶은 그냥 주님을 따라가는 것이 아닙니다. 주님 주신 사명을 감당하며 따라야 합니다. 이 사명은 가만히 앉아서 이룰 수 없습니다. 시간을 투자해야 하고 물질을 투자해야 하고 정성을 쏟아야 합니다. 그 만큼 세상적인 것을 버려야 합니다. 이러한 봉사와 헌신이 우리가 져야 할 십자가입니다. 주님에게 필요한 사람은 십자가를 지는 사람입니다. 주님을 위해, 교회를 위해 희생하고 헌신하는 사람입니다. 썩어지는 밀알이 되는 사람입니다. 현대인들은 썩어지지는 않으면서 많은 열매를 바랍니다. 그러나 땀 흘리지 않으면서 열매를 바랄 수 없고 십자가 없이는 영광도 은혜도 평화도 없습니다. 모든 제자들은 각자에게 주어진 십자가가 있습니다. 나에게 주어진 직분과 사명도 내가 져야 할 십자가입니다. 말없이 자기 직분과 사명을 위해 희생하는 사람, 그 사람이 바로 십자가를 지는 사람입니다.

성경읽기/ 누가복음 14:27에서 어떤 자가 제자가 될 수 있는지 말해봅시다.

나가는 말

십자가를 지는 것은 고난이요 섬김이요 헌신입니다. 십자가를 지는 자에게는 영광이 주어집니다. 십자가 없는 영광은 없습니다. 현대 그리스도인들 중에는 신앙생활은 하되 아무런 짐을 지지 않고 편안하게 하려는 자들이 있습니다. 이들은 십자가를 모르는 자들입니다. 십자가 없는 신앙생활은 죽은 신앙입니다. 우리에게 주어진 십자가를 지고 주님을 따르므로 주님의 영광에 함께 동참하십시다.

나눔의 시간

1. 오늘 말씀을 통하여 느낀 점을 말해봅시다.
2. 나에게 주어진 십자가는 무엇이 있는지 나눠봅시다.

적용하기

오늘 말씀을 생활에 어떻게 적용할까 말해봅시다.

결단 및 합심기도

1. 주어진 십자가를 잘 감당 못한 것을 회개하며 힘들어도 십자가를 지고 주님을 따라갈 것을 다짐하며 기도합시다.
2. 우리 구역부흥과 전도 대상자를 위하여 기도합시다.

감사 및 알림

헌금 및 기도, 교회소식, 구역소식, 다음모임, 주기도.

제17과 행복한 가정생활

- 본문/ 에베소서 5:28, 31-33
- 인사/ 반갑습니다. 사랑합니다. 주님의 이름으로 축복합니다,
- 찬송/ 88, 430장
- 신앙고백 (기도)

말씀읽기

28 이와 같이 남편들도 자기 아내 사랑하기를 자기 자신과 같이 할지니 자기 아내를 사랑하는 자는 자기를 사랑하는 것이라... 31 그러므로 사람이 부모를 떠나 그의 아내와 합하여 그 둘이 한 육체가 될지니 32 이 비밀이 크도다 나는 그리스도와 교회에 대하여 말하노라 33 그러나 너희도 각각 자기의 아내 사랑하기를 자신 같이 하고 아내도 자기 남편을 존경하라

생각하기/ 아름다운 동반자

평범한 사람들의 이야기를 모아 책을 만든 이철환씨의 연탄길이라는 책에 "아름다운 동반자" 라는 글이 있습니다. 교회에서 있었던 결혼식에 신부입장을 알리자 술렁이던 식장이 갑자기 조용해졌습니다. 다리가 불편한 신부가 아버지의 손을 잡고 절룩거리며 걸어 들어오고 있었습니다. 그러나 신부가 신랑 앞에 거의 당도할 무렵 그만 중심을 잃고 넘어집니다. 하지만 잠시 후 축하객들은 세상에서 가장 아름다운 모습을 보게 되었습니다. 눈물을 흘리고 있는 아버지 대신 신부를 일으킨 신랑은 늠름하게 신부의 팔짱을 끼고 주례자 앞에 섰습니다. 그리고 이어 신랑은 자신의 한쪽 발을 신부의 웨딩드레스 밑으로 살며시 넣고는 신부의 짧은 왼쪽 발을 자신의 발등으로 떠받치고 있었습니다. 신랑은 중심을 잡으려고 신부보다 더 많이 힘들었지만 얼굴에 미소를 머금고 신부의 팔을 잡아주고 있는 신랑의 모습에서 진정한 결혼의 아름다움을 볼 수 있었습니다.

말씀 속으로

1. 서로 사랑해야 합니다.

인간의 삶이 행복하려면 무엇보다 가정생활이 행복해야 합니다. 가정의 행복은 서로 사랑할 때 주어집니다. 남편은 아내를 내 몸처럼 사랑하고 아내는 남편을 존경하며 사랑할 때 행복합니다.

한 부인이 중병에 걸려 젊은 나이에 세상을 떠나게 되었습니다. 마지막 이별을 하는 시간에 아내가 남편에게 말했습니다. "여보, 제 평생에 제가 목숨 바쳐 사랑한 남자가 세 사람이었어요." 그 말을 들은 남편이 심각해졌습니다. 아내가 계속해서 말했습니다. "제가 목숨 걸고 사랑한 첫째 남자는 어릴 때의 이웃집 오빠였어요. 둘째 남자는 대학 선배였고, 셋째 남자는 제 남편인 바로 당신이에요." 세 남자가 다 남편이었습니다. 이웃집 오빠가, 대학 선배가 바로 자기 남편이었던 것입니다. 그 말을 들은 남편이 얼마나 행복했겠습니까? '내 아내가 목숨을 걸고 나를 사랑했는데…' 일평생 한 남편 한 아내만 사랑하면 그 가정은 행복합니다.

성경읽기/ 에베소서 5:28에서 자기 아내를 사랑하는 자는 왜 자기를 사랑하는 것인지 말해봅시다.(31절 참고)

2. 함께 동행 하여야 합니다.

평생을 함께 산 부부가 있었습니다. 어느 날 아내가 먼저 세상을 떠날 때가 되었는데 남편이 늙어 쪼글쪼글해진 아내의 손을 꼭 잡고 이렇게 말합니다. "여보, 너무 고마워요." 아내가 힘없는 소리로 반문합니다. "고맙긴요. 나는 당신을 위해 아무 것도 한 일이 없는데요" 남편은 고개를 저으며 말합니다. "아니, 나와 함께 내 평생을 동행해 준 것만으로도 감사해요." 이것이 바로 동행입니다. 동행한다고 유별나게 하는 것이 아닙니다. 큰 것을 해주고 못할 것을 해주는 것이 아닙니다. 동행은 곁에 있어주고 함께 인생길을 걸어가며 옆 사람이 슬퍼하면 같이 울어주고 옆 사람이 추워하면 몸을 가까이 해서 체온으로 따뜻하게 해주고 서로 배려하고 아껴주고 함께 가는 것입니다. 동행할 때 행복합니다.

성경읽기/ 고린도전서 15:4을 읽고 사랑의 특성을 말해봅시다.

3. 서로 사랑을 표현해야 합니다.

사랑은 표현할 때 확인되고 입증이 됩니다. 연애시절이나 신혼시절에는 사랑한다는 말을 자주합니다. 그러나 살다보면 서로 부딪히는 일들이 발생합니다. 큰소리도 오가고 다툼도 잦아집니다. 그러다보면 사랑이 식어질 수 있습니다. 좀 예민해지면 사소한 문제로 다투게 되고 등을 돌리게 됩니다. 남자들은 집에서 아내와 다투면 밖에서 사랑의 대상을 찾으려 합니다. 직장에서 퇴근길에 집으로 가지 않고 곁길로 가게 됩니다. 술집을 찾게 되고 친구를 만나 속마음을 털어놓으며 술을 마십니다. 술에 취해 늦게 들어가면 아내는 어디서 술 마시고 이제 오느냐고 또 바가지를 긁습니다. 가정에 금이 갑니다. 가정의 행복을 지키기 위해서는 서로 노력해야 합니다. 행복은 저절로 주어지는 것이 아닙니다. 서로 사랑하고 사랑을 자주 표현하며 상대방을 배려하고 이해해고 잘못이나 약점을 감싸줘야 합니다.

성경읽기/ 에베소서 5:33에서 아내와 남편이 어떻게 하라고 했는지 말해봅시다.

나가는 말

가정은 하나님이 인간에게 주신 최초의 선물이며 사랑과 행복의 보금자리요 삶의 휴식과 안식처입니다. 가정이 행복하면 삶이 기쁨이 있고 활력이 넘치지만 가정이 불행하면 삶이 불행하고 의욕을 잃게 됩니다. 하나님이 주신 가정을 천국으로, 행복한 분위기로 만들어 가는 것은 우리의 책임입니다. 성도는 서로 사랑하며 존경하고 이해하며 함께 동행하므로 행복한 가정을 만들어 가야 합니다.

나눔의 시간

1. 오늘 말씀을 통하여 느낀 점을 말해봅시다.

2. 나는 가정에서 얼마나 자주 사랑을 표현하고 있는지 사랑을 자주 표현하지 못하고 있다면 이유가 무엇인지 나눠봅시다.

적용하기

오늘 말씀을 생활에 어떻게 적용할까 말해봅시다.

결단 및 합심기도

1. 가정의 행복을 위하여 사랑하며 동행하며 사랑을 표현하며 살것을 다짐하며 기도합시다.

2. 우리 구역부흥과 전도 대상자를 위하여 기도합시다.

감사 및 알림

헌금 및 기도, 교회소식, 구역소식, 다음모임, 주기도.

제18과 행복한 성도

- 본문/ 시편 128:1-6
- 인사/ 반갑습니다. 사랑합니다. 주님의 이름으로 축복합니다.
- 찬송/ 191, 212장
- 신앙고백 (기도)

말씀읽기

1 여호와를 경외하며 그의 길을 걷는 자마다 복이 있도다 2 네가 네 손이 수고한 대로 먹을 것
이라 네가 복되고 형통하리로다 3 네 집 안방에 있는 네 아내는 결실한 포도나무 같으며 네 식
탁에 둘러 앉은 자식들은 어린 감람나무 같으리로다 4 여호와를 경외하는 자는 이같이 복을 얻
으리로다 5 여호와께서 시온에서 네게 복을 주실지어다 너는 평생에 예루살렘의 번영을 보며
6 네 자식의 자식을 볼지어다 이스라엘에게 평강이 있을지로다

생각하기/ 나를 키우는 말

이해인 시인의 "나를 키우는 말" 이라는 시를 소개합니다. "행복하다고 말하는 동안은 나도 정말 행복해서 마음에 맑은 샘이 흐르고, 고맙다고 말하는 동안 고마운 마음 새로이 솟아올라 내 마음도 더욱 순해지고, 아름답다고 말하는 동안 나도 잠시 아름다운 사람이 되어 마음 한 자락이 환해지고, 좋은 말이 나를 키우는 걸 나는 말하면서 다시 알지"

이 시에서 고백한 것처럼 비록 행복한 환경은 아니라 할지라도 우리가 행복하다고 말하면 우리의 마음에 행복한 마음이 생깁니다. 말은 힘이 있습니다. 성경은 말대로 되어진다고 했습니다. 긍정의 말을 하면 긍정의 사람이 되고 부정의 말을 하면 부정의 사람이 됩니다. 성경은 항상 기뻐하라고 합니다. 이는 항상 행복하라는 말입니다.

말씀 속으로

1. 행복은 섬기며 사는데 있습니다.

섬기는 사람은 행복합니다. 섬기는 사람은 어디서나 인정을 받게 됩니다. 삶의 의미를 느낍니다. 섬기는 삶은 바로 겸손한 삶이기에 하나님은 이 사람에게 은혜와 복을 주십니다. 위대한 인생이란 섬기는 범위가 넓고 깊은 사람입니다. 섬기는 범위가 넓다는 것은 섬기는 대상이 제한되어 있지 않다는 것입니다. 어떤 사람은 자기와 가까운 사람은 잘 섬기는데 자기와 가깝지 않고 가난하고 신분이 낮은 사람은 잘 섬기지 않습니다. 섬기는 범위가 깊다는 것은 형식적이고 보이기 위한 섬김이 아니라 마음 깊은 곳에서 우러나오는 섬김을 말합니다. 섬기는 범위가 높다는 것은 하나님을 섬기듯 사람을 섬기는 것인데 여기에 참된 섬김이 있습니다. 섬기는 범위가 길다는 것은 어떤 환경에서도 변함없이 언제나 한결같이 섬기는 삶을 말합니다. 집사 때는 잘 섬기다가 장로가 되면 섬김 받으려 하거나 가난할 때는 잘 섬기다가 부자가 되면 끝나는 섬김이 아니라 언제나 변함없이 섬기는 섬김입니다.

성도는 이런 섬김을 통해서 인격이 성숙해지고 행복해집니다. 그래서 섬기는 사람은 행복합니다. 우리는 모두 섬김으로 행복해 지시기를 바랍니다.

성경읽기/ 빌립보서 2:17-18에서 바울은 무엇을 기뻐한다고 했으며 무엇을 하라고 권면하고 있는지 말해봅시다.

2. 행복은 나눔에서 주어집니다.

조사에 의하면 여성의 수명이 남성보다 길다고 합니다. 그 이유는 섬김의 삶 즉 주는 삶 때문이라고 합니다. 영국의 뉴캐슬대학교 연구팀의 조사에 의하면 침팬지도, 바다사자도, 돌고래도, 심지어는 모기까지도 암컷이 수컷보다 장수한다고 하였습니다. 그 이유는 여성은 일생동안 끊임없이 주는 삶을 살며 생명을 나누는 삶을 살아가기 때문입니다. 내 희생을 통해 또 다른 생명을 만들어냅니다.

그런데 남성은 여성에 비해 유전자를 전달하는 단순한 역할 밖에 없기 때문에 생명이 짧을 수밖에 없다고 합니다. 여성은 창조하고 번식하는 일의 사명을 가지고 있습니다. 그래서 인간은 신비한 존재입니다. 인간은 나눔의 삶에서 행복을 느끼는 존재입니다. 나눔과 섬기는 삶에서 행복을 느끼고 보람을 느끼고 장수의 은혜를 입는 것입니다. 사람이 성숙하게 되면 주려고 애를 씁니다. 섬기려고 애를 씁니다. 거기서 행복감이 주어지기 때문입니다.

성경읽기/ 사도행전 20:35에서 어떤 자가 복이 있다고 하였는지 말해봅시다.

3. 행복은 말씀을 지킬 때 주어집니다.

시인은 여호와를 경외하며 그의 길을 걷는 자마다 복이 있다고 하였습니다. 이 말은 하나님을 섬기며 하나님의 말씀을 따라 사는 것을 말합니다. 우리가 하나님의 말씀을 따라 살 때 하나님께서 내가 수고한 대로 열매를 거두고 가정이 평안케 해주시고 자녀들이 잘되게 해주십니다. 시인은 2절에서 "네가 네 손이 수고한 대로 먹을 것이라 네가 복되고 형통하리로다."고 하였으며 "네 집 안방에 있는 네 아내는 결실한 포도나무 같으며 네 식탁에 둘러앉은 자식들은 어린 감람나무 같으리로다."고 하였습니다.(3절)

사람은 돈이 많다고 행복한 것이 아니고 명예와 권력을 가졌다고 행복한 것이 아니라 자신이 수고한 대로 댓가를 받으며 가정이 평안하고 자녀들이 잘되고 건강하면 행복한 것입니다. 이러한 행복은 하나님을 경외하며 하나님의 말씀을 따라 살 때 주어집니다.

성경읽기/ 신명기 10:13을 읽고 하나님께서 네 행복을 위하여 어떻게 하라고 하시는지 말해봅시다.

나가는 말

행복은 남이 가져다주는 것이 아닙니다. 행복은 내안에서 찾아야 하고 행복을 만들어 가야 합니다. 행복은 이웃을 섬기며 교회를 섬기며 자신을 주며 보람된 일을 할 때 주어지고 사랑을 나눌 때 주어지며 하나님 말씀을 따라 살 때 주어집니다.

나눔의 시간

1. 오늘 말씀을 통하여 느낀 점을 말해봅시다.
2. 나는 행복한 삶을 누리고 있는지 못 누리고 있다면 왜 그런지 나눠봅시다.

적용하기

오늘 말씀을 생활에 어떻게 적용할까 말해봅시다.

결단 및 합심기도

1. 나눔과 섬김이 부족한 것을 회개하며 말씀 따라 살고 섬김의 삶을 살므로 행복한 삶을 살 것을 다짐하며 기도합시다.
2. 우리 구역부흥과 전도 대상자를 위하여 기도합시다.

감사 및 알림

헌금 및 기도, 교회소식, 구역소식, 다음모임, 주기도.

제19과 행복한 교회생활

- 본문/ 데살로니가전서 1:3-4, 7-8
- 인사/ 반갑습니다. 사랑합니다. 주님의 이름으로 축복합니다.
- 찬송/ 220, 304장
- 신앙고백 (기도)

말씀읽기

3 너희의 믿음의 역사와 사랑의 수고와 우리 주 예수 그리스도에 대한 소망의 인내를 우리 하
나님 아버지 앞에서 끊임없이 기억함이니 4 하나님의 사랑하심을 받은 형제들아 너희를 택하
심을 아노라 7 그러므로 너희가 마게도냐와 아가야에 있는 모든 믿는 자의 본이 되었느니라 8
주의 말씀이 너희에게로부터 마게도냐와 아가야에만 들릴 뿐 아니라 하나님을 향하는 너희 믿
음의 소문이 각처에 퍼졌으므로 우리는 아무 말도 할 것이 없노라

생각하기/ 인간이 장수하는 비결

영국의 일간지 〈더 타임스〉에 의하면, 교회의 주일 예배에 빠지지 않고 매주 나가는 사람은 그렇지 않은 사람보다 훨씬 더 오래 산다고 보도했습니다. 이 신문은 전문지 '데모그라피' 에 실린 조사 자료를 인용해서 보도했는데 매 주일 예배에 참석한 사람은 그렇지 않은 사람보다 평균 7년이나 더 산다고 했습니다. 이 조사는 1987년 미국에서 의료 설문 조사한 28,000명 중 그 후 사망한 2,000명을 대상으로 분석한 결과이며 매주 예배에 참석한 사람의 평균 수명은 82세였으며, 그렇지 않은 사람들의 평균수명은 75세로 나타났다고 합니다.

말씀 속으로

1. 믿음으로 역사하는 교회

데살로니가 교회는 성경의 많은 교회들 중에 가장 이상적이고 모범적인 교회입니다. 데살로니가 성도들은 많은 환란 가운데서 말씀을 받고 말씀을 전해준 바울을 본받고 또한 주님을 본받는 자들이 되었습니다. 그러므로 그들은 마게도냐와 아가야의 모든 믿는 자들에게 본이 되었습니다. 저들의 믿음의 소문은 마게도냐와 아가야 뿐만 아니라 각처에 퍼져나갔습니다. 데살로니가 교회 성도들은 믿음으로 역사를 하였습니다. 믿음으로 역사했다는 말은 믿음으로 일했다는 말입니다. 바울사도는 그들의 믿음에 대하여는 더 이상 말할 것이 없노라고 칭찬을 하였습니다.(살전1:8) 행복한 교회생활은 믿음에서 시작됩니다. 믿음은 불가능을 가능케 하는 능력입니다.(막9:23)

성경읽기/ 히브리서 6:6에서 믿음이 없이는 무엇을 못한다고 하였는지 말해봅시다.

2. 사랑으로 수고하는 교회

데살로니가 교회는 사랑으로 수고하는 교회였습니다. 사랑으로 수고한다는 말은 성도 간에 사랑하므로 서로 섬기며 교회를 위하여 봉사하며 힘써 일했다는 말입니다. 바울사도는 데살로나가 교인들의 사랑에 대하여는 서로 사랑하므로 더 이상 쓸 것이 없다고 하였습니다.(살전4:9) 행복한 교회생활을 하려면 먼저 내가 교회를 사랑하야 합니다. 교회를 사랑하면 교회 가는 것이 즐겁고 교회를 위하여 섬기며 봉사하는 것이 즐겁고 행복합니다. 교회를 사랑함이 없으면 교회에 가는 것이 즐겁지 않습니다. 또한 교회를 위하여 일하는 것도 힘들고 하기 싫습니다. 그리스도인들은 주님의 교회를 가장 소중히 여기고 사랑하며 섬겨야 합니다.

어느 목사님의 교회사랑 간증이 있습니다. "나는 교회가 너무 좋았습니다.

학교만 갔다 오면 책 보따리를 풀어놓고 교회에서 놀았습니다. 학생 때는 학교에 가기 전 꼭 교회에 들려 기도하고 학교에 갔습니다. 주일이 되어 교회 갈 때면 언제나 뛰어서 교회를 갔습니다. 교회가 너무 좋았기 때문입니다." 당신은 교회가 좋습니까? 교회를 사랑할 때 행복한 교회생활을 하게 됩니다.

성경읽기/ 마태복음 16:18을 읽고 누가 교회를 세웠으며 누가 이기지 못한다고 하였는지 말해봅시다.

3. 소망으로 인내하는 교회

데살로니가 교회는 주님 재림에 대한 소망이 매우 강한 교회였습니다. 저들은 많은 환난 중에서도 재림의 소망을 가지고 어렵고 힘든 일들을 인내하며 이겨나갔습니다. 초대교회는 대부분 로마 황제숭배의 강요를 당하였고 이를 거절하므로 대부분 교회들이 환란과 박해를 당했습니다. 그러나 그들은 주님 재림에 대한 소망을 가지고 이겨나갔습니다. 저들은 조금만 참으면 주님이 곧 오시니 조금만 더 참자고 서로 격려했습니다. 초대교회 성도들의 인사는 "마라나타" 였습니다. 이는 "주님이 곧 오십니다"라는 뜻입니다. 행복한 교회생활을 하려면 주님 재림에 대한 소망이 있어야 합니다. 주님을 사랑하므로 다시 오실 주님을 기다리며 주님을 사모하면 힘든 일도 이겨나갈 수 있습니다. 오늘 이 시대는 주님 오심이 심히도 임박한 시대입니다. 그러므로 우리도 주님 오심을 사모하며 주님 맞을 준비하며 인내하며 신앙생활을 하여야 합니다.

성경읽기/ 히브리서 10:37에서 언제 주님이 오신다고 하는지 말해봅시다.

나가는 말

교회는 어머니의 품과 같은 곳입니다. 교회 안에 들어오면 어머니의 따스함이 있습니다. 또한 교회는 천국의 모형으로 구원받은 성도들이 천국 갈 훈련을 하며 준비하는 곳입니다. 그러므로 영혼이 만족하려면 교회에서의 신앙생활이 행복해야 합니다. 교회에 들어오면 세상이 줄 수 없는 평안을 누릴 수 있어야 하고 성도들을 만나면 오랫만에 흩어진 가족과 친구들을 만난 것처럼 기쁨이 있어야 합니다. 교회는 다양한 사람들이 모인 공동체이므로 누가 나에게 해주기를 바라지 말고 서로 사랑하며 믿음과 선행을 격려하면서 내가 먼저 이해하고 내가 먼저 다가갈 때 행복한 교회생활을 할 수 있습니다.

나눔의 시간

1. 오늘 말씀을 통하여 느낀 점을 말해봅시다.

2. 나는 교회생활이 즐겁고 행복한지 그렇지 못하다면 원인이 무엇인지 나눠봅시다.

적용하기

오늘 말씀을 생활에 어떻게 적용할까 말해봅시다.

결단 및 합심기도

1. 교회를 사랑하므로 행복한 교회생활을 할 것을 다짐하며 기도합시다.

2. 우리 구역부흥과 전도 대상자를 위하여 기도합시다.

감사 및 알림

헌금 및 기도, 교회소식, 구역소식, 다음모임, 주기도.

제20과 행복한 사회생활

- 본문/ 로마서 13:7-10
- 인사/ 반갑습니다. 사랑합니다. 주님의 이름으로 축복합니다.
- 찬송/ 449, 502장
- 신앙고백 (기도)

말씀읽기

7 모든 자에게 줄 것을 주되 공세를 받을 자에게 공세를 바치고 국세 받을 자에게 국세를 바치고 두려워할 자를 두려워하며 존경할 자를 존경하라 8 피차 사랑의 빚 외에는 아무에게든지 아무 빚도 지지 말라 남을 사랑하는 자는 율법을 다 이루었느니라 9 간음하지 말라, 살인하지 말라, 도적질 하지 말라, 탐내지 말라 한 것과 그 외에 다른 계명이 있을찌라도 네 이웃을 네 자신과 같이 사랑하라 하신 그 말씀 가운데 다 들었느니라 10 사랑은 이웃에게 악을 행치 아니하나니 그러므로 사랑은 율법의 완성이니라

생각하기/ 걸인 아이가 준 1환

2011년 2월에 신문에 나온 글 입니다. 한 노인이 56여년 전 고학생으로 어렵게 일하며 대학교를 다니던 1954년 6월 서울 신신백화점 신축 공사 현장에서 숙소로 돌아가려고 전차표를 사려는데 수중에 6환 밖에 없어 7환이던 전차표를 사지 못해 발을 동동 구르던 차에 거리에서 땀과 먼지로 범벅이 된 얼굴로 구걸하던 5-6세 가량의 걸인 아이가 다가와 1환을 줘서 이를 받아서 전차표를 샀고 차가 와서 타고 갔는데 이후 56년이 흘렀지만, 당시 도움을 준 그 소년이 늘 고맙고 마음에 남았다면서 "너무 많은 세월이 흘렀고 이름도 몰라 찾기 어렵지만 그 소년을 찾아 은혜를 꼭 갚고 싶다." 는 애절한 뜻을 전하며 편지와 함께 100만원을 신문사로 보내왔다는 사연입니다.

말씀 속으로

1. 행복한 사회생활은 의무를 다할 때 주어집니다.

우리 그리스도인은 세상에서 부름을 받은 존재이지만 동시에 하나님의 뜻을 성취하기 위해 세상 속으로 보냄을 받은 존재입니다. 그래서 우리는 구원받은 후에도 여전히 세상 속에서 많은 사람들과 관계를 맺으며 살아갑니다. 성도들은 가정에서나 교회에서나 사회에서도 신실한 하나님의 청지기로 살아가야 합니다. 청지기는 자신의 의무를 다하며 충성되이 주인을 위해 일하는 자입니다. 그리스도인들은 국민으로 국민의 의무를 다해야 하며 사회인으로서 책임과 의무를 다해야 합니다. 성경은 모든 자에게 줄 것은 주되 공세 받을 자에게는 공세를 바치고 국세 받을 자에게는 국세를 바치라고 했습니다. 성도는 세금 문제에서 바르게 해야 합니다. 또한 두려워할 자를 두려워하고 존경할 자를 존경하라고 하였습니다. 이는 하나님을 두려워하며 하나님이 세우신 나라의 지도자들을 존경하고 백성으로서의 의무를 다하라는 말입니다. 각 사람이 의무를 다할 때 사회가 질서가 있고 행복한 사회생활을 할 수 있습니다.

성경읽기/ 로마서 13:1을 읽고 권세에 대하여 왜 복종해야 하는지 말해봅시다.

2. 이웃 관계를 잘 맺을 때 행복합니다.

인간은 사회적 동물이라고 말합니다. 이는 인간은 혼자 살 수 없으며 이웃과의 관계를 맺으며 관계 속에서 사는 존재란 의미입니다. 행복한 사회생활을 위해서는 이웃과의 관계를 잘 맺어야 합니다. 이웃을 도우며 섬기며 이웃에게 유익을 줄때 나에게 행복과 축복이 옵니다.

일본 여류작가 미후라 아야꼬는 작가가 되기 전에 조그만 구멍가게를 하였습니다. 남편이 벌어다 주는 돈으로 생활비가 부족하였기 때문에 자기집 한 쪽에 구멍가게를 낸 것입니다. 그런데 장사가 잘 되었습니다. 트럭으로 물건을 공급해야 할 정도가 되었습니다. 남편도 직장을 그만 두고 이제는 구멍가게가 아닌 슈퍼를 경영하게 되었습니다. 어느 날 퇴근한 남편이 말했습니다. "여보, 우리 가게가 너무 잘되어 이웃 가게들이 문을 닫을 지경이 되었으니 참으로 안타깝구려. 이것은 하나님 뜻에 어긋나는 것이지요." 이 말에 자극을 받은 미후라 아야꼬는 일부러 상품을 적게 준비하고 적당히 팔면서 이웃 가게로 보내주곤 하였습니다. 하나님의 뜻대로 살기로 하였습니다. 시간이 남았습니다. 그 시간에 소설을 썼습니다. "빙점" 입니다. 베스트셀러가 되었습니다. 엄청난 돈을 벌었습니다. 하나님이 몇 배의 축복을 주셨습니다.

성경읽기/ 로마서 13:10에서 사랑은 이웃에게 무엇을 행치 아니한다고 하였는지 말해봅시다.

3. 행복한 사회생활은 상하관계가 잘 되어야 합니다.

사회생활은 조직과 질서가 있습니다. 군대에 가면 계급이 있습니다. 처음에 가면 이등병이 됩니다. 몇 달 지나면 일등병으로 올라갑니다. 그러면 그는 윗사람이 있고 자기보다 늦게 입대한 아랫사람이 있습니다. 상하관계가 형성됩니다. 직장에서도 마찬가지입니다. 처음 입사하면 신입사원이 됩니다. 먼저 입사한 선임사원들이 있습니다. 1년이 지나면 나보다 뒤에 입사한 신입사원이 생기게 됩니다. 그러면 직장에서도 상하관계가 형성됩니다. 이는 사회의 질서를 위하여 필요한 제도입니다. 공무원이나 학교생활이나 사람이 모인 곳에는 이런 질서가 있습니다. 그러므로 행복한 사회생활을 하려면 이런 상하 관계가 좋아야 합니다. 관계가 좋으려면 선임자를 존경하고 대우해주며 후임자를 사랑하고 아껴주며 덕을 쌓아야 합니다.

성경읽기/ 로마서 13:8에서 무슨 빚 외에는 아무 빚도 지지 말라고 하였으며 또한 이 의미를 말해봅시다.

나가는 말

신앙생활은 교회 안에서만 하는 것이 아니라 가정과 교회와 사회에서 함께 이루어져야 합니다. 주님은 "너희는 세상의 빛이요 소금이라"고 하시면서 "등불을 켜서 말 아래 두지 않고 등경 위에 둔다"고 하셨습니다. 그리스도인들이 사회에서 빛과 소금의 역할을 못하면 사회로부터 비난을 받게 됩니다. 사회 속에서 자신의 의무를 다하며 이웃과의 관계를 잘 맺고 상하관계를 잘 맺을 때 행복한 사회생활을 할 수 있습니다.

나눔의 시간

1. 오늘 말씀을 통하여 느낀 점을 말해봅시다.

2. 나는 이웃과의 관계와 상하관계를 잘 맺고 있는지 혹 나를 싫어하거나 내가 싫은 사람은 없는지 나눠봅시다.

적용하기

오늘 말씀을 생활에 어떻게 적용할까 말해봅시다.

결단 및 합심기도

1. 사회에서의 책임을 다하며 이웃과의 관계를 잘 맺을 것을 다짐하며 기도합시다.

2. 우리 구역부흥과 전도 대상자를 위하여 기도합시다.

감사 및 알림

헌금 및 기도, 교회소식, 구역소식, 다음모임, 주기도.

제21과 하나님을 사랑하라

- 본문/ 요한일서 4:9-11
- 인사/ 반갑습니다. 사랑합니다. 주님의 이름으로 축복합니다.
- 찬송/ 303, 305장
- 신앙고백 (기도)

말씀읽기

9 하나님의 사랑이 우리에게 이렇게 나타난바 되었으니 하나님이 자기의 독생자를 세상에 보
내심은 저로 말미암아 우리를 살리려 하심이니라 10 사랑은 여기 있으니 우리가 하나님을 사
랑한 것이 아니요 오직 하나님이 우리를 사랑하사 우리 죄를 위하여 화목제로 그 아들을 보내
셨음이니라 11 사랑하는 자들아 하나님이 이같이 우리를 사랑 하셨은즉 우리도 서로 사랑하는
것이 마땅하도다.

생각하기/ 다섯 아들을 둔 목사님

어떤 목사님 두 분이 계셨는데 한 분은 아들만 다섯을 두셨고, 또 한분은 자녀가 없으셨다고 합니다. 어느 날 대화를 하시다가 자녀 없으신 목사님이 친구 목사님께 농담삼아 "자네는 아들이 다섯이나 되니 나에게 하나만 양자로 주게나." 했더니 친구 목사님이 쉽게 "그러지 뭐" 하고 대답하셨답니다. 그런데 막상 집에 돌아와 나란히 누워 잠들어 있는 다섯 아들을 보고 "어떤 아들을 줄 수 있겠는가" 생각에 잠겼습니다. 큰 아들은 장남이니까 안되고 둘째는 제일 똑똑하고 공부 잘하는데 안되고 셋째는 아들중 인물이 제일 빼어난 미남 아들이라 안되고 넷째는 몸이 늘 아프고 병약해서 안되겠다 싶었답니다. 이제 막내는 너무 너무 귀여운 재롱둥이라서 줄 수가 없었답니다. 그날 그 목사님은 하나 밖에 없는 외아들 독생자를 우리에게 내어주신 하나님의 사랑을 비로소 깨닫게 되셨다고 합니다.

말씀 속으로

1. 하나님이 우리를 사랑하셨습니다.

에드워드 어빙이라고 하는 사람이 병으로 빈사상태에 빠진 한 소년을 문병했습니다. 그는 병실에 들어가자마자 곧 소년의 머리에 손을 얹고 "얘야, 하나님이 너를 사랑하신단다."라는 한 마디 말로 위로하고 병실을 떠나왔습니다. 그런데 그 소년은 그 말에 큰 감동을 받았습니다. 소년은 병상에서 일어나 사람들을 향하여 "하나님이 나를 사랑하신대요."라고 외치며 걸었습니다. 하나님이 자신을 사랑해 주신다는 확신이 그 소년을 변화시켰고, 그 마음에 새로운 힘을 샘솟게 해서 병이 급속히 호전되어 나았습니다.

하나님은 우리를 사랑하셔서 자기의 독생자 예수님을 주셨습니다. 자기 아들을 주시기까지 우리를 사랑하신 이유는 우리를 살리기 위함이라고 하셨습니다.(9절) 죄악에 빠져 지옥으로 가고 있는 우리를 살리기 위하여 하나님은 독생자 예수님을 죽으라고 우리에게 보내주셨습니다.

성경읽기/ 요한일서 4:9에서 하나님의 사랑이 우리에게 어떻게 나타났는지 말해봅시다.

2. 우리도 하나님을 사랑해야 합니다.

우리는 하나님의 사랑을 받은 자들입니다. 하나님의 사랑을 받은 우리는 마땅히 하나님을 사랑해야 합니다. 성경은 우리에게 하나님을 사랑할 것을 요구하고 있습니다. 신명기 6:5에서는 "너는 마음을 다하고 뜻을 다하고 힘을 다하여 네 하나님 여호와를 사랑하라"고 명령하고 있습니다. 십계명의 핵심은 하나님을 사랑하고 이웃을 사랑하라는 것입니다. 하나님은 하나님을 사랑하는 자에게는 천대까지 은혜를 베풀겠다고 하셨습니다.(출20:6) 또한 잠언에서는 하나님을 사랑하는 자에게 하나님의 사랑과 더불어 물질의 복을 약속하고 있습니다. “나를 사랑하는 자들이 나의 사랑을 입으며 나를 간절히 찾는 자가 나를 만날 것이니라. 부귀가 내게 있고 장구한 재물과 의도 그러하니라... 나를 사랑하는 자가 재물을 얻어서 그 곳간에 채우게 하려 함이니라.”(잠8:17-18,21) 하나님을 사랑하면 큰 복을 받습니다.

성경읽기/ 요한일서 4:7을 읽고 사랑은 누구에게 속한 것인지 말해봅시다.

3. 하나님을 사랑하는 것은 계명을 지키는 것입니다.

하나님은 영이십니다. 그러므로 우리 눈이 보이지 않습니다. 보이지 않는 하나님을 어떻게 사랑해야 할까요? 하나님께서는 보이지 않는 하나님을 사랑하는 방법을 가르쳐 주셨습니다. 그것은 하나님의 계명을 지키는 것입니다. 요한일서 5:3은 이렇게 말합니다. “하나님을 사랑하는 것은 이것이니 우리가 그의 계명들을 지키는 것이라 그의 계명들은 무거운 것이 아니로다” 하나님의 계명의 핵심은 10계명입니다. 십계명은 하나님만 섬기고 하나님의 날인 안식일을 거룩히 지킬 것과 이웃을 사랑하라는 것입니다. 계명을 지키는 것이 하나님을 사랑하는 것입니다. 그리스도인들은 안식일(주일)을 철저히 지키고 부모를 공경하며 이웃을 사랑해야 합니다. 하나님을 사랑하노라 하고 형제를 미워하는 자는 거짓말 하는 자라고 하였습니다.(요일4:20) 보이는 형제나 이웃을 사랑하지 않고 보이지 않는 하나님을 사랑할 수 없기 때문입니다.

성경읽기/ 요한복음 13:34에서 예수님이 주신 새 계명이 무엇인지 말해봅시다.

나가는 말

하나님은 사랑이십니다. 그 하나님의 사랑이 나타나신 것이 예수님입니다. 예수님은 이 땅에 오셔서 하나님의 사랑을 보여주시고 실천하셨습니다. 예수님은 자신의 생명을 주심으로 하나님의 사랑이 무엇인지 보여주셨습니다. 우리는 모두 하나님의 사랑을 받았습니다. 사랑을 받은 우리도 이제 하나님을 사랑해야 합니다. 하나님을 사랑하는 길은 하나님의 계명을 지키는 것입니다. 때때로 힘들고 어려운 일이 있어도 말씀 지키는 일에 우선순위를 두고 살면 반드시 하나님의 더 큰 사랑을 받고 축복을 받게 됩니다.

나눔의 시간

1. 오늘 말씀을 통하여 느낀 점을 말해봅시다.
2. 나는 하나님을 어떻게 사랑하고 있는지 하나님의 계명 지키는 일에 얼마나 힘쓰는지 나눠봅시다.

적용하기

오늘 말씀을 생활에 어떻게 적용할까 말해봅시다.

결단 및 합심기도

1. 하나님의 계명을 지키지 못한 것들이 있으면 회개하고 계명을 지키므로 하나님 사랑하며 살 것을 다짐하며 기도합시다.
2. 우리 구역부흥과 전도 대상자를 위하여 기도합시다.

감사 및 알림

헌금 및 기도, 교회소식, 구역소식, 다음모임, 주기도.

제22과 나라를 사랑하라

- 본문/ 느헤미야 1:4-7
- 인사/ 반갑습니다. 사랑합니다. 주님의 이름으로 축복합니다.
- 찬송/ 580, 510장
- 신앙고백 (기도)

말씀읽기

4 내가 이 말을 듣고 앉아서 울고 수일 동안 슬퍼하며 하늘의 하나님 앞에 금식하며 기도하여
5 이르되 하늘의 하나님 여호와 크고 두려우신 하나님이여 주를 사랑하고 주의 계명을 지키는
자에게 언약을 지키시며 긍휼을 베푸시는 주여 간구하나이다 6 이제 종이 주의 종들인 이스라
엘 자손을 위하여 주야로 기도하오며 우리 이스라엘 자손이 주께 범죄한 죄들을 자복하오니 주
는 귀를 기울이시며 눈을 여시사 종의 기도를 들으시옵소서 나와 내 아버지의 집이 범죄하여 7
주를 향하여 크게 악을 행하여 주께서 주의 종 모세에게 명령하신 계명과 율례와 규례를 지키
지 아니하였나이다

생각하기/ 야드바쉠

이스라엘에 가면 예루살렘 서쪽에 "야드바쉠" 이라는 전시관이 있습니다. 이곳은 유대인들이 2차 세계대전 때 독일군에 의하여 학살당한 6백만의 유대인들의 이름을 새겨놓고 죽음을 애도하고 후세들에게 다시는 이런일 당하지 않도록 전하기 위하여 세워놓은 전시관입니다. 전시관 안에는 독일군들에게 잡혀서 죽어가는 유대인들의 참상이 사진으로 그려져 있고 텔레비전으로도 보여주고 있습니다. 야드바쉠에는 "용서는 했다. 그러나 잊지는 않겠다" 는 글귀가 있으며 "망각은 우리로 하여금 다시 포로가 되게 하고 기억은 우리를 자유인이 되게 한다." 고 써 있습니다. 이곳은 유대인들이 초등학생 때부터 수없이 와서 교육을 받는 현장입니다. 지금도 이스라엘 사람들

은 예루살렘 성전에 올라가서 무너진 성벽 통곡의 벽을 붙잡고 눈물로 기도하고 다시 이 박물관에 가서 자신들이 당한 고난을 기억하면서 "다시는 당하지 말자!" 라고 외치고 있습니다.

말씀 속으로

1. 느헤미야의 눈물

느헤미야는 페르시아제국 아닥사스다 왕의 고위급 참모였습니다. 그는 남의 나라에서 성공했지만 언제나 고국을 그리워하며 살았습니다. 하루는 그가 본국 예루살렘의 소식을 들었습니다. 그 소식은 예루살렘 성문은 불타버렸고 성은 다 허물어졌고 백성들은 환난과 능욕을 받고 있다는 것이였습니다.(1:3절) 그 소식을 들은 느헤미야는 나라를 생각하며 울고 또 울며 금식하며 기도했습니다. 그는 이국에서 왕의 참모로 부귀영화를 누릴 수 있지만 고국을 생각하니 가슴이 아파 견딜 수가 없어 울며 금식하며 하나님께 기도하였습니다. 어느 날 왕이 느헤미야를 보고 "네 몸에 병이 없는 것을 내가 아는데 네 얼굴이 왜 그리 상하였느냐" 고 묻습니다. 그 때 느헤미야는 "내 나라가 불타고 성벽이 무너지고 내 백성이 고통 중에 있음을 인하여 내가 금식하며 기도 중에 있다" 고 대답했습니다.

성경읽기/ 느헤미야 1:6에서 느헤미야는 언제 기도하며 무엇을 자복한다고 하였는지 말해봅시다.

2. 나라사랑은 의무를 다하고 제도에 순응하는 것입니다.

1967년 6월 이스라엘이 아랍과 6일 전쟁을 치룰 때에 일어난 일화입니다. 미국 스탠포드 대학교에 총장이 유대계 학생들과 아랍계 학생들을 모아놓고 "자네들의 고국에서 전쟁이 발발했는데 자네들은 동요하지 말고 얼마 남지 않은 학기말 시험에 최선을 다해주기 바라네."라고 당부를 했답니다. 며칠 후 유태인 학생들이 어디 갔는지 찾을 수가 없었습니다. 알아봤더니 유대인 학생들은 "지금 우리 고국에 전쟁이 났는데 우리가 편안하게 공부만 하고 있을 수 있느냐"며 나라를 위해 싸우기 위해서 고국으로 돌아갔다는 것입니다. 총장은 또 아랍계 학생들도 안보이기에 어디 갔는가 알아봤더니 그들은 본국에 귀국 명령을 받을까봐 다 은신해 버렸다고 하였습니다. 결국 전쟁은 500만도 안되는 이스라엘이 1억이 넘는 아랍과 싸워서 6일 만에 승리하였습니다. 그 전쟁의 승패는 이미 학생들의 애국심에 의해서 결판난 것입니다. 나라를 사랑하는 길은 자신의 의무를 다하며 나라의 제도에 순응하는 것입니다.

성경읽기/ 느헤미야 1:6-7을 읽고 느헤미야는 왜 예루살렘이 불타고 성이 무너졌다고 하는지 그의 역사관에 대하여 말해봅시다.

3. 나라를 사랑하는 길은 위하여 기도하는 것입니다.

2010년 한 대기업에서 신입사원을 뽑을 때 면접을 보는데 다섯명을 앉혀놓고 "6.25가 뭔지 아십니까?" 하고 물었더니 두명은 모르겠다고 했습니다. 세명은 "혹시 전쟁 아닙니까?" 그러더랍니다. 어느 나라와 어느 나라의 전쟁이냐고 물었더니 세명 중에 한명은 모르겠다고 하고 한명은 "우리나라하고 일본하고 전쟁 아닙니까?" 하고 또 한명은 "경상도와 전라도가 전쟁한 것 아닙니까?" 하더랍니다. 그래서 친구들하고 식사하면서 그런 말을 했더니 설마 그럴 리가 하면서 안 믿더랍니다. 그래서 식당에서 식당종업원들에게 실험을 해보기로 했답니다. 세명이 있기에 "6.25가 뭔지 아십니까?" 물었더니 한사람은 모른다고 하고 한사람은 그거 광주사태 아니냐고 하고 또 한사람은 "임진왜란 이순신장군 이야기 아니냐"고 하더랍니다. 나라를 사랑하는 길은 나라에 전쟁이나 비극이 발생하지 않도록 기도하는 것입니다.

성경읽기/ 느헤미야 1:5에서 하나님을 어떤 하나님이라고 고백하며 누구에게 언약을 지키며 긍휼을 베푸시는지 말해봅시다.

나가는 말

우리나라는 세계 유일의 분단국가로 북한과 총부리를 겨누고 있습니다. 이 땅에는 언제 다시 전쟁이 발발할지 모릅니다. 북한은 핵을 만들어 놓고 시시때때로 도발하며 서울을 불바다로 만들겠다고 위협하고 있습니다. 이때 그리스도인들은 나라를 사랑하며 책임과 의무를 다하며 위하여 기도해야 합니다. 나라가 평안하고 안전해야 백성도 평안하고 행복한 삶을 살 수 있습니다.

나눔의 시간

1. 오늘 말씀을 통하여 느낀 점을 말해봅시다.
2. 나는 나라를 위해 얼마 만큼 기도하며 사랑하고 있는지 전쟁이 일어난다면 나라를 위해 무엇을 할 것인지 나눠봅시다.

적용하기

오늘 말씀을 생활에 어떻게 적용할까 말해봅시다.

결단 및 합심기도

1. 나라를 위해 기도하며 의무를 다할 것을 다짐하며 기도합시다.
2. 우리 구역부흥과 전도 대상자를 위하여 기도합시다.

감사 및 알림

헌금 및 기도, 교회소식, 구역소식, 다음모임, 주기도.

제23과 교회를 사랑하라

- 본문/ 시편 122:6-9
- 인사/ 반갑습니다. 사랑합니다. 주님의 이름으로 축복합니다,
- 찬송/ 216, 240장
- 신앙고백 (기도)

말씀읽기

6 예루살렘을 위하여 평안을 구하라 예루살렘을 사랑하는 자는 형통하리로다 7 네 성 안에는
평안이 있고 네 궁중에는 형통함이 있을지어다 8 내가 내 형제와 친구를 위하여 이제 말하리니
네 가운데에 평안이 있을지어다 9 여호와 우리 하나님의 집을 위하여 내가 너를 위하여 복을
구하리로다

생각하기/ 내 눈을 사주세요.

시골교회에 믿음 좋은 집사님이 있었습니다. 그가 나가는 교회에서 성전건축을 하게 되었습니다. 그러나 그분은 가진 물질이 없었습니다. 그는 하나님께 나도 드릴 수 있게 해달라고 기도하였습니다. 어느 날 신문을 보다가 우연히 눈을 고가에 사겠다는 광고를 보고 그는 눈을 사겠다는 병원으로 달려갔습니다. 그가 찾아간 곳은 전주예수병원이었습니다. 원장님은 "당신이 눈을 팔려고 하는 이유가 무엇이냐?" 고 물었습니다. 그는 눈물을 흘리면서 "원장님 ! 우리교회에서 성전을 짓는데, 나는 아무것도 가진 것이 없어요. 그래서 내게 있는 가장 작은 이 눈이라도 주님께 드리려고요." 그 말을 들은 원장님은 크게 감동 받고 교회의 건축을 위한 기금을 마련해 주었고, 그 소식을 들은 미국의 어떤 부호가 건축설계 및 건축일체를 전담해 주고, 자녀들까지도 미국에서 공부할 수 있도록 해 주었답니다.

말씀 속으로

1. 교회사랑은 예수님 사랑입니다.

교회는 하나님의 집이요. 예수님의 몸입니다. 구약에서 성막(성전)을 여호와의 집(시122:1), 또는 하나님의 집(시122:9)이라고 하였으며, 주의 장막, 주의 집(시84:1,4)이라고도 하였습니다. 신약에서도 바울사도는 교회를 하나님의 집이라고 하였습니다. "만일 내가 지체하면 너로 하여금 하나님의 집에서 어떻게 행하여야 할지를 알게 하려 함이니 이집은 살아계신 하나님의 교회요 진리의 기둥과 터니라" (딤전3:15) 교회는 하나님이 임재하시는 하나님의 집입니다.

또한 교회는 주님의 몸이며(엡1:23, 골1:24) 그리스도인들이 예배를 위하여 모이는 신앙 공동체입니다. 그러므로 교회를 사랑하는 것은 하나님을 사랑하는 것이요. 주님을 사랑하는 것이며 성도를 사랑하는 것입니다.

성경읽기/ 시편 122:1에서 시인은 어디에 가자고 할 때 기뻐하였는지 말해봅시다.

2. 교회를 사랑하면 형통하게 됩니다.

메디컬 센터 원장 유기원 박사는 유계준 장로님의 장남입니다. 그의 아버지 유계준님은 조만식 장로님과 함께 주기철 목사님 교회의 장로님이셨습니다. 유계준 장로님은 교회를 사랑하고 일평생을 전도와 봉사로 교회에 충성하며 주의 일에 헌신하셨습니다. 유계준 장로님은 8남매를 두셨는데 첫째가 메디컬 센터의 원장인 유기원 박사이고 둘째가 치과 의사 유기형 박사, 셋째는 의사로 유기선 박사, 넷째는 서울대 법대 학장인 유기천 박사, 다섯째는 의사로 유기진 박사, 여섯째는 의사로 유기옥 박사, 일곱째는 약사로 유기숙 박사, 여덟째는 의사로 유기묵 박사입니다. 8남매가 의사, 약사 등 모두 다 박사가 되었습니다. 그의 손자, 증손자 등 후손이 108명인데 거의 다 박사입니다. 아버지가 장로로서 교회에 충성하니 자손들이 다 번창하게 되었습니다. 사회에서도 다 존경받는 지도자가 되어 훌륭한 일을 많이 했습니다. 교회를 사랑하고 충성하면 자손이 복을 받습니다.

성경읽기/ 시편 122:6을 읽고 예루살렘을 사랑하는 자는 어떻게 된다고 하였는지 말해봅시다.

3. 교회를 사랑하는 길

교회를 사랑하는 것은 큰일을 하거나 힘든 일을 하는 것이 아닙니다. 로잘린 스티어 (Rosalind Steer)는 그의 시 "작은 일에 충성하라" 에서 "나는 내 손이 찾아 할 수 있는 작은 일을 행하기를 좋아합니다. 비록 예배 시간에 아름다운 독창을 할 수 없지만 빈자리는 메울 수 있으며, 나는 오르간을 칠 수는 없지만 낯선 사람의 손을 잡고 미소 지으며 격려가 되는 말 한마디는 해 줄 수 있습니다. 나는 거창한 설교는 할 수 없지만 헌금 시간에 주님께 내가 가진 작은 것을 드릴 수 있습니다. 그리고 꽃 한 다발을 가져다 하나님의 성전이 덜 밋밋하게 보이도록 꾸밀 수도 있습니다. 내가 할 수 있는 이 작은 일들이 보기에는 너무 적고 변변치 못 할 것 같지만 만약 내가 충성만 다한다면 주님이 사랑스러운 목소리로 나를 부르실 때 나는 이렇게 말하리 '주님 여기 있습니다.' 그리고 그 분에게 보여 드리리 이 모든 작은 일들에 담겨 있는 나의 충성을."

교회사랑은 교회를 위하여 기도하여 영혼구원을 위해 전도하며 교회에서 내가 할 수 있는 일을 찾아서 하는 것입니다.

성경읽기/ 시편 122:9에서 다윗은 무엇을 위하여 복을 구한다고 하였는지 말해봅시다.

나가는 말

교회는 하나님의 집이요 예수님의 몸입니다. 예수님은 이 땅의 사역을 마치시고 교회를 세우시고 하늘로 가셨습니다. 그리고 오늘도 교회를 통하여 주님은 일하십니다. 하나님의 관심과 주님의 최대 관심은 교회에 있습니다. 하나님은 교회를 사랑하는 자를 사랑하시고 복을 주십니다. 반면에 교회를 대적하는 자를 대적하시고 멸하십니다. 세상 사는 동안 교회를 사랑하고 교회중심의 삶을 살므로 하나님의 사랑과 축복을 많이 받읍시다.

나눔의 시간

1. 오늘 말씀을 통하여 느낀 점을 말해봅시다.

2. 나는 교회를 어느 정도 사랑하고 있는지, 어떻게 교회를 사랑할 수 있는지, 교회를 위하여 어떤 일을 하고 있는지 나눠봅시다.

적용하기

오늘 말씀을 생활에 어떻게 적용할까 말해봅시다.

결단 및 합심기도

1. 교회를 더 많이 사랑하지 못한 것을 회개하며 더욱 교회를 사랑할 것을 다짐하며 기도합시다.

2. 우리 구역부흥과 전도 대상자를 위하여 기도합시다.

감사 및 알림

헌금 및 기도, 교회소식, 구역소식, 다음모임, 주기도.

제24과 이웃을 사랑하라

- 본문/ 잠언 3:27-31
- 인사/ 반갑습니다. 사랑합니다. 주님의 이름으로 축복합니다,
- 찬송/ 220, 218장
- 신앙고백 (기도)

말씀읽기

27 네 손이 선을 베풀 힘이 있거든 마땅히 받을 자에게 베풀기를 아끼지 말며 28 네게 있거든 이웃에게 이르기를 갔다가 다시 오라 내일 주겠노라 하지 말며 29 네 이웃이 네 곁에서 평안히 살거든 그를 해하려고 꾀하지 말며 30 사람이 네게 악을 행하지 아니하였거든 까닭 없이 더불어 다투지 말며 31 포학한 자를 부러워하지 말며 그의 어떤 행위도 따르지 말라

생각하기/ 해비타트 운동

해비타트 운동이라 불리는 "사랑의 집짓기 운동"이 있습니다. 밀러드풀러는 이 운동을 전 세계적으로 이끌고 있는 국제 해비타트 설립자입니다. 그가 20대 백만장자에서 30대 자원봉사자로 일생일대의 변신을 하게 된 것은 '더 이상 돈만을 최고로 아는 당신을 사랑하지 않는다' 는 아내의 결별선언이 결정적 계기가 됐습니다. 새로운 삶의 비전에 눈을 뜬 그는 자신의 재산을 모두 사회단체에 기부하며 무주택자와 극빈자를 위해 집을 짓는 봉사활동에 뛰어듭니다. 지금까지 의약, 교육, 식량으로 사회활동을 하는 단체는 많았지만 막대한 비용과 인력 등의 부담으로 집을 짓는 활동은 없었기 때문이다. 지금까지 이 운동으로 600여개 도시에서 집을 지었습니다. 돈만 알았던 수전노에서 사회봉사자로의 변화는 자신의 잘못을 깨닫고 회개하는 것을 넘어서 어떻게 새로운 삶을 살아야 하는지를 보여주고 있는 것입니다.

말씀 속으로

1. 이웃 사랑은 주님의 명령입니다.

기부천사요 독도 지킴이로 알려진 김장훈이 있습니다. 그는 자신은 5,000만 원짜리 전세에 살면서 10여 년간 40억 원을 가난한 이웃을 위해 나누었습니다. 그는 이것이 행복해지기 때문이라고 했습니다. 그는 방황하는 10대 시절을 보내기도 했기에 가수 생활을 시작한 지 7년 만에 조금 여유가 생기기 시작하자 제일 먼저 주변의 불우한 이웃들에게 시선을 돌렸습니다. 가정형편이 어려워 치료받지 못하는 어린이를 돕고, 몇 년째 아동시설을 후원하며 가출 청소년들의 손을 붙잡아주고 꿈을 이루게 해주고 있습니다. 그는 하나님께 기쁨을 드리기를 원하는 신실한 신앙인입니다. 그는 "내가 은혜를 받았으니 내가 해야만 할 일을 한다고 합니다. 그는 신문기자가 어떻게 이런 일이 가능한지 물었을 때 "저는 쓰고 남은 것으로 기부하는 것이 아니라, 기부하고 남은 것을 가지고 씁니다."라고 했습니다. 이웃 사랑은 남아서 하는 것이 아니고 먼저 하는 것입니다.

성경읽기/ 잠언 14:21을 읽고 어떤 자가 복이 있다고 하였는지 말해봅시다.

2. 이웃사랑은 계명의 핵심입니다.

한 율법사가 예수님께 "계명 중에 어느 계명이 제일 크냐?" 고 물었습니다. 그때 주님은 계명을 두 가지로 요약하셨는데 첫째는 하나님을 사랑하는 것이고 둘째는 이웃을 네 몸처럼 사랑하는것이라고 하셨습니다.(마22:37-40)

미국에 살고 있는 한인 2세가 명문 콜롬비아대학 의과대학에 지원을 했습니다. 공부도 잘해서 시험에 만점을 받았습니다. 집안 형편도 부유해서 무난히 합격되리라고 믿었습니다. 그런데 불합격 통지서가 날아왔습니다. 불합격 사유란에는 이렇게 적혀 있었습니다. "귀하의 성적은 아주 우수합니다. 가정형편이나 여러 조건들도 만족스럽습니다. 그런데 귀하의 서류 어디를 보아도 헌혈했다는 기록이 없습니다. 남을 위해서 헌혈한 경험도 없는 귀하가 어떻게 환자를 돌볼 수 있겠습니까. 귀하는 의사될 자격이 없습니다."

생명을 사랑하는 것이 미국 의사의 조건이듯, 이웃을 사랑하는 것은 하나님 자녀의 조건입니다.

성경읽기/ 레위기 19:18을 읽고 무엇을 하지 말며 이웃을 어떻게 사랑하라고 했는지 말해봅시다.

3. 이웃 사랑은 주님 사랑의 실천입니다.

이웃 사랑은 이웃을 위해 내가 할 수 있는 일을 하는 것입니다. 물질이 있는 사람은 물질로 어려운 이웃을 섬기며 사랑할 수 있고 재능이나 기술이 있는 사람은 그것으로 사랑할 수 있습니다. 건강한 사람은 몸으로 이웃을 섬길 수 있습니다.

예일대학과 하버드대학에서 20여년 동안 교수생활을 했던 헨리 나우엔(Henri J. Nouwen)은 어느 날 갑자기 모든 사람이 존경하는 대학인 하버드 대학의 교수직을 버리고 정신박약 장애자 공동체인 라르쉬(캐나다 토론토 공동체인 데이브레이크)에 들어가 아담이라는 장애아를 돌보며 살게 됩니다. 많은 사람들이 교수의 자리로 돌아오기를 기대했으나 오랜 동안 아무와도 만나지 않다가 이런 말을 하였습니다. "나는 대학 교수로 존경과 명성을 얻을 때에는 영적 고갈을 느꼈었는데 장애아 아담을 돌보면서 참된 신앙의 행복을 알게 되었다." 1996년 9월 65세인 그는 심장마비로 세상을 떠나기까지 10년 가까이 장애인들과 함께 생활하였습니다.

이웃사랑은 주님의 사랑을 실천하는 것입니다.

성경읽기/ 로마서 15:2을 읽고 어떻게 이웃사랑을 할 수 있는지 말해봅시다.

나가는 말

이웃을 사랑하는 것은 하나님의 백성된 자의 의무요 주님의 사랑을 실천하는 것입니다. 우리가 사랑해야 할 이웃은 먼데 있는 것이 아닙니다. 우리 주위에 돌아 보아야 할 어려운 자들이 우리의 이웃입니다. 우리 주위에는 도움 없이는 살아갈 수 없는 이웃들이 많이 있습니다. 하나님께서는 그리스도인들이 사랑을 실천할 수 있도록 그들을 우리 주위에 있게 하셨습니다. 그러므로 이웃을 위해 내가 할 수 있는 일이 무엇인가 찾아서 이웃사랑을 실천하시기 바랍니다.

나눔의 시간

1. 오늘 말씀을 통하여 느낀 점을 말해봅시다.

2. 나는 어떻게 이웃사랑을 하고 있는지 나눠봅시다.

적용하기

오늘 말씀을 생활에 어떻게 적용할까 말해봅시다.

결단 및 합심기도

1. 이웃을 내 몸처럼 사랑하지 못한 것을 회개하고 이웃사랑을 실천할 것을 다짐하며 기도합시다.

2. 우리 구역부흥과 전도 대상자를 위하여 기도합시다.

감사 및 알림

헌금 및 기도, 교회소식, 구역소식, 다음모임, 주기도.

제25과 말씀으로 무장하라

- 본문/ 디모데후서 3:14-15
- 인사/ 반갑습니다. 사랑합니다. 주님의 이름으로 축복합니다,
- 찬송/ 310, 204장
- 신앙고백 (기도)

말씀읽기

14 그러나 너는 배우고 확신한 일에 거하라 네가 뉘게서 배운 것을 알며 15 또 네가 어려서부터 성경을 알았나니 성경은 능히 너로 하여금 그리스도 예수안에 있는 믿음으로 말미암아 구원에 이르는 지혜가 있게 하느니라

생각하기/ 말씀에 붙잡힌 대통령

링컨의 어머니가 돌아가시면서 링컨에게 물려준 책은 네권이었습니다. 손때 묻은 성경과 천국의 순례를 보여주는 천로역정, 워싱턴 대통령의 전기, 이솝우화였습니다. 그는 기도의 사람이었고, 하나님의 말씀에 붙잡힌 사람이었습니다. 대통령이 된 후 남북전쟁이 벌어져 위기가 왔을 때 링컨은 전혀 동요하지 않았습니다. 이에 대해 참모들이 물었습니다. "나라가 이렇게 위태로운데 어떻게 그렇게 평온하십니까?" 링컨은 확신에 찬 목소리로 대답했습니다. "나는 지금까지 성경을 묵상하고 하나님께 기도하면서 국가의 미래를 그분께 맡겼습니다. 하나님께서는 우리가 하나님 편에 서기만 하면 승리하리라는 확신을 주십니다." 루즈벨트 대통령은 링컨에 대해서 이렇게 말했습니다. "링컨은 성경과 함께 숨쉬고, 성경과 함께 산 위대한 하나님의 사람입니다."

말씀 속으로

1. 말씀은 우리를 자라게 합니다.

사람이 태어나서 성장하려면 어렸을 때는 젖을 먹고 성장하면 밥을 먹어야 하듯이 영적인 생명을 가진 그리스도인들이 영적으로 성장하려면 영적인 양식인 말씀을 먹어야 합니다. 태어난 아이가 성장하지 않는다면 그 아이는 장애아든지 죽은 아이입니다. 아이가 장애아라면 부모의 마음은 매우 아플 것입니다. 그리스도인이 성장하지 않는다면 그는 영적인 장애인이거나 영적으로 죽은 자입니다. 우리가 영적인 장애아라면 우리 아버지이신 하나님께서 매우 아파하실 것입니다. 그리스도인이 영적으로 성장하기 위해서는 부지런히 말씀을 읽고 듣고 배워야 합니다. 바울사도는 "믿음은 들음에서 나며 들음은 그리스도의 말씀으로 말미암느니라."고 하였습니다.(롬10:17) 말씀을 들어야 믿음이 생기고 믿음이 자랍니다.

성경읽기/ 베드로전서 2:2을 읽고 신령한 젖은 무엇이며 왜 신령한 젖을 사모하라고 했는지 말해봅시다.

2. 말씀으로 무장해야 합니다.

마지막 때에는 이단들, 거짓선지자들이 많이 나타나서 택한 자들을 미혹한다고 하였습니다. 거짓선지자들이나 이단들도 모두 성경을 가지고 다니며 믿는 사람들의 가정을 방문하여 말씀으로 도전해 오고 미혹해 옵니다. 그들은 자신들의 목적 달성을 위하여 자신들에게 맡는 성경구절만 뽑아서 달달 외워 가지고 그 말씀을 가지고 접근합니다. 그들의 말을 들으면 성경을 짜맞춰서 접근해 옴으로 말씀을 바르게 알지 못하면 그들의 미혹에 걸려들 수밖에 없습니다. 우리는 새로운 지식이나 계시를 받아 성경을 깨닫게 한다는 자들은 조심해야 합니다. 요한계시록이나 다니엘서 등을 중점으로 해석한다는 자들을 조심해야 합니다. 성경을 비유로 풀고 해석해야 한다는 자들은 거짓선지자, 이단들입니다. 성경에는 문자적인 말씀이 있고 영적으로 해석할 말씀이 있고 비유로 해석할 말씀도 있습니다. 한 가지만을 고집하고 주장하면 이단이 됩니다. 그러므로 말씀을 부지런히 읽고 듣고 배워서 말씀으로 무장하여 말씀을 분별해야 합니다.

성경읽기/ 디모데후서 2:15을 읽고 무엇을 옳게 분별하라고 하였는지 말해봅시다.

3. 말씀 위에 굳게 서야 합니다.

말씀 위에 굳게 선다는 말은 말씀을 읽고 듣고 배워서 믿음을 지키며 그 말씀을 따라 사는 것을 의미합니다. 말씀의 뿌리가 견고하지 못하면 조그마한 어려움이나 시련이 닥치면 쉽게 넘어집니다. 이는 마치 뿌리가 깊지 못한 나무가 태풍이 불어 닥치면 넘어지는 것과 마찬가지입니다. 이 세상은 바다와 같습니다. 크고 작은 풍랑이 계속 일어나며 때로는 강풍도 불어 닥칩니다. 신앙의 박해가 올 수도 있습니다. 지금도 북한이나 회교권에서는 주님을 믿는 자들에게 엄청난 시련이 닥치고 있으며 때로는 목숨을 잃는 경우도 발생합니다. 이런 때에 말씀에 굳게 서지 못하면 믿음을 저버리고 배교할 수 있습니다. 말씀으로 무장하고 말씀 위에 굳게 선자 만이 시험도 이기고 환난도 이기며 죽음도 두려워하지 않고 믿음을 지킬 수가 있습니다. 우리는 말씀 위에 굳게 서서 어떤 환난이나 핍박이나 유혹이 닥쳐도 흔들리지 않고 믿음을 지켜야 합니다.

성경읽기/ 디모데후서 3:16을 읽고 성경은 어떻게 되었으며 무엇에 유익한가를 말해봅시다.

나가는 말

신명기 6:6을 보면 "오늘날 내가 네게 명하는 이 말씀을 너는 마음에 새기고” 7절에는 “네 자녀에게 부지런히 가르치며”라고 하셨습니다. 그리스도인들은 말씀을 마음에 새겨야 합니다. 그리고 그 말씀을 지키며 말씀을 따라 살아야 합니다. 마지막 때에 사는 그리스도인들은 말씀에 굳게 서지 못하면 넘어지게 됩니다.

호세아 선지자는 “내 백성이 지식이 없으므로 망하는도다... 네가 네 하나님의 율법을 잊었으니 나도 네 자녀들을 잊어버리리라”(호4:6)고 하였습니다. 말씀을 바로 알지 못하면 망하게 됩니다. 우리는 말씀으로 무장하여 최후 승리 얻는 자들이 됩시다.

나눔의 시간

1. 오늘 말씀을 통하여 느낀 점을 말해봅시다.
2. 나는 어느 정도 말씀으로 무장되었는지 나눠봅시다.

적용하기

오늘 말씀을 생활에 어떻게 적용할까 말해봅시다.

결단 및 합심기도

1. 말씀을 읽고 듣고 배워서 말씀으로 무장하여 어떤 시련이 닥쳐도 믿음 지킬 것을 다짐하며 기도합시다.
2. 우리 구역부흥과 전도 대상자를 위하여 기도합시다.

감사 및 알림

헌금 및 기도, 교회소식, 구역소식, 다음모임, 주기도.

제26과 구원관 무장

- 본문/ 에베소서 2:8-9, 사도행전 4:12
- 인사/ 반갑습니다. 사랑합니다. 주님의 이름으로 축복합니다.
- 찬송/ 250, 257장
- 신앙고백 (기도)

말씀읽기

엡2:8 너희는 그 은혜에 의하여 믿음으로 말미암아 구원을 받았으니 이것은 너희에게서 난 것이 아니요 하나님의 선물이라 9 행위에서 난 것이 아니니 이는 누구든지 자랑하지 못하게 함이라

행4:12 다른 이로서는 구원을 받을 수 없나니 천하사람 중에 구원을 받을만한 다른 이름을 우리에게 주신일이 없음이라 하시더라

생각하기/ 성철 종정의 고백

불교계 종정을 지낸 성철스님은 딸 PD에게 보낸 글에서 말하기를 "내 죄가 산같이 높고 바다같이 크니 내가 어찌하랴 우리에게는 구원이 없다 죄를 해결한 자가 없기 때문이다. 80여 년간 내가 전한 것은 헛된 것이다. PD야 50여 년 내가 너를 찾았다. 나는 지옥에 떨어진다." 고 글을 남겼답니다. 그는 어느 날 한 불자가 찾아와 병을 고쳐달라고 하니 어느 교회로 가라고 하더랍니다. 불자가 그 교회로 가서 병을 고침 받고 다시 찾아와 이제 절을 떠나겠다 하니 잘 생각했다. 여기에는 구원이 없다 하더랍니다. 그래서 불자가 그럼 스님께서는 왜 여기에 계십니까? 물으니 내가 떠나면 불교계가 어찌되겠나? 예수에게만 구원이 있다 하더랍니다. 그는 평생도를 닦고 불교에는 구원이 없다는 것을 깨달은 분입니다. (2008, 안산 대성회 지용수목사 설교 인용)

말씀 속으로

1. 구원의 의미와 필요성

구원이란 의미는 "건져내다, 구해낸다"는 뜻입니다. 물에 빠져 떠내려가는 사람을 건져내는 것은 물에서의 구원이요, 화재로 인하여 불속에 갇혀 있는 자를 소방대원이 들어가 구해내는 것은 불에서의 구원이며, 탄광이 붕괴되어 깊은 광속에 묻혀있는데 굴을 뚫고 구해내는 것은 땅속에서의 구원입니다.

그러나 기독교에서 쓰는 구원이란 죄에서의 건져냄을 말합니다. 아담의 후예인 인간은 모두 죄의 수렁에 빠져 죽어가고 있습니다. 하나님께서는 죄의 값은 사망이라는 법을 정하셨는데 한사람으로 말미암아 죄가 세상에 들어오고 죄로 말미암아 사망이 왔으며 모든 사람이 죄를 지었으므로 모든 사람이 사망 아래 놓이게 된 것입니다.(롬5:12) 성경은 "의인은 없나니 하나도 없다고 하였습니다."(롬3:10)

성경읽기/ 로마서 5:19을 읽고 사람이 어떻게 죄인이 되고 의인이 되는지를 말해봅시다.

2. 구원의 길

죄에 빠진 인간은 스스로의 힘으로는 죄의 수렁에서 빠져 나올 수가 없습니다. 죄에서의 구원은 자신의 노력이나 선행이나 고행이나 그 어떤 방법으로도 불가능합니다. 이는 자신이 영적으로 죽어있기 때문입니다. 죽은 의사가 병든 환자를 고칠 수 없으며 죽은 자가 죽은 자를 살릴 수 없는 것과 마찬가지 입니다. 죄에 빠진 인간을 구해내려면 죄 없는 자가 와야만 합니다. 그러나 이 땅에는 모든 사람이 죄를 지었으므로 이 땅에서는 구원자가 없기에 하나님께서는 하늘에서 구원자를 보내셨습니다. 그분이 바로 예수 그리스도입니다. 예수님은 인류를 죄에서 구원하기 위하여 이 땅에 오신 하나님의 아들이십니다. 그러므로 구원자는 오직 예수님밖에 없습니다. 석가도, 공자도, 마호멧도 구원자가 될 수 없습니다. 그들은 모두 땅의 사람이요 죄인들이기 때문입니다. 우리는 예수님 외에는 어떤 구원자도 없다는 사실을 분명히 믿어야 합니다.

성경읽기/ 사도행전 4:12을 읽고 왜 예수님만이 구원자인지를 말해봅시다.

3. 구원의 방법

예수그리스도는 인류의 구원자로 하늘에서 이 땅에 오셨습니다. 그리고 죄인들을 구해내기 위해 죄 값을 대신지고 십자가에서 모든 피를 흘리시고 죽으셨습니다. 예수님이 흘리신 피는 인류의 죄를 씻기 위한 피입니다. 사도요한은 "그 아들 예수의 피가 우리를 모든 죄에서 깨끗하게 하실 것이요."라고 하였습니다.(요일1:7) 이제 죄인인 인간이 구원을 받는 길은 이 사실을 믿는 것입니다. 하나님의 아들 예수님이 나의 죄를 대신하여 죽으셨다는 사실을 믿을 때 죄 사함을 받고 구원을 받습니다. 이것이 하나님의 은혜요 사랑입니다. 우리의 구원은 행위에서 난 것이 아니요 오직 믿음으로 된 것입니다.(엡2:8) 오늘날 이 땅에 자칭 구원자라고 하는 자들은 모두 가짜요 사탄에게 속한 자들입니다. 또는 인간의 노력이나 방법 선행이나 물질 등을 구원의 조건으로 말한 자들은 모두 이단들이며 거짓선지자들이요 사기꾼들입니다.

성경읽기/ 사도행전 16:31을 읽고 어떻게 구원 받는지를 말해봅시다.

나가는 말

근래에 예수님을 믿다가 이단에 넘어가는 사람들이 많이 있습니다. 이는 마지막 때의 현상이지만 믿는 자가 이단에 넘어가는 것은 구원관이 무장되어 있지 않기 때문입니다. 본인에게 구원의 확신이 없다거나 구원의 길을 잘 모르기 때문입니다. 우리는 예수님만이 구원자이며 구원의 방법은 예수님이 하나님의 아들로 나의 죄를 대신하여 죽으셨음을 믿고 예수님을 구원자로 마음에 받아들이는 것입니다. 오늘 이 시간 예수님을 구원자로 마음에 받아들이고 예수님이 나의 구원자이심을 입술로 고백하시기 바랍니다.

나눔의 시간

1. 오늘 말씀을 통하여 느낀 점을 말해봅시다.
2. 나는 구원의 확신을 가졌는지 어떻게 구원받은 것을 확신할 수 있는지 서로 나눠봅시다.

적용하기

오늘 말씀을 생활에 어떻게 적용할까 말해봅시다.

결단 및 합심기도

1. 구원의 확신을 가지고 어떤 유혹에도 흔들리지 않고 믿음이 약한 자들을 세워주며 살 것을 기도합시다.
2. 우리 구역 부흥과 전도 대상자를 위하여 기도합시다.

감사 및 알림

헌금 및 기도, 교회소식, 구역소식, 다음모임, 주기도.

제27과 교회관 무장

- 본문/ 에베소서 1:22-23, 골 1:18
- 인사/ 반갑습니다. 사랑합니다. 주님의 이름으로 축복합니다.
- 찬송/ 521, 524장
- 신앙고백 (기도)

말씀읽기

엡1:22 또 만물을 그의 발 아래에 복종하게 하시고 그를 만물 위에 교회의 머리로 삼으셨느니
라 23 교회는 그의 몸이니 만물 안에서 만물을 충만하게 하시는 이의 충만함이니라
골1:18 그는 몸인 교회의 머리시라 그가 근본이시요 죽은 자들 가운데서 먼저 나신 이시니 이
는 친히 만물의 으뜸이 되려 하심이요

생각하기/ 백낙준 박사

평안북도 정주에 박연순 집사라는 분이 계셨습니다. 그가 섬기는 교회에 건축을 하는데 바칠 것이 없어서 조상으로부터 유산으로 물려 받은 논 서마지기를 남편과 의논하여 바치기로 했습니다. 그리고는 교회에 사찰로 봉사했습니다. 이 소문을 들은 당시 미국에서 온 맥힌 선교사가 그 아들을 공부시켜 주었습니다. 그는 영창중학교를 졸업하고, 중국으로 가서 신성고등학교를 졸업했습니다. 그 후에 미국으로 유학가서 파크 대학과 프린스톤 대학과 예일대학을 거쳐 철학박사 학위를 받고 목사가 되었습니다. 그는 연희전문의 교수로 사역하다가 문교부장관과 참의원 의장을 거쳐 연세대학교에 초대 총장이 되었습니다. 그가 바로 백낙준 박사입니다.

말씀 속으로

1. 교회는 주님의 몸입니다.

바울사도는 "교회는 그의 몸이니 만물 안에서 만물을 충만하게 하시는 이의 충만함이니라"(엡1:23)고 하였습니다. 주님은 교회의 머리시며 교회는 주님의 몸입니다. 몸과 머리는 뗄 수 없는 관계입니다. 몸은 머리의 지도를 받아야 합니다. 교회는 주님의 몸이니 주님의 지도를 받아야 합니다. 성도는 몸에 있는 지체들입니다. 지체는 몸에서 떨어지면 죽게 됩니다. 성도가 주님을 떠나가면 영적으로 죽게 됩니다. 예수님은 이를 나무와 가지관계로 설명했습니다. "나는 포도나무요 너희는 가지니"(요15:5) 나무에서 가지가 잘려나가면 그 가지는 죽은 것입니다. 가지가 나무에 붙어있으면 사는 것처럼 우리는 예수님 안에 있으면 영원히 살게 됩니다. 교회는 주님의 몸으로 이 세상에서 가장 존귀한 곳입니다.

성경읽기/ 디모데전서 3:15을 읽고 교회를 무엇이라고 표현하고 있는지 말해봅시다.

2. 교회 밖에는 구원이 없습니다.

오늘 이 시대는 종교다원주의 시대가 되었습니다. 종교다원주의란 이 세상에는 다양한 종교가 있음을 서로 인정하고 그 종교에도 나름대로 구원의 길이 있다는 것을 인정해주어야 한다는 사상입니다. w.c.c 는 종교다원주의를 인정하는 기독교 연합체입니다. 우리나라에도 여기에 가입한 교단들이 몇 단체가 있습니다. 과거 감신대의 변선환 학장과 홍정수 교수 등이 교회 밖에도 구원이 있다고 주장했었습니다. 즉 기독교만이 구원이 있는 것이 아니라 타종교에도 구원이 있다는 것입니다. 그러나 교회가 주님의 몸이요 주님이 교회의 머리일진대 교회 밖에는 구원이 있을 수 없는 것입니다. 교회 밖에 구원이 있다는 것은 예수님 외에 구원자가 있다는 말과 같습니다. 그러나 성경은 예수님 외에는

구원자가 없음을 분명히 밝혀주고 있습니다.(행4:12)

교회는 구원의 방주입니다. 노아시대에 방주에 있는 자만 홍수에서 구원 받았듯이 마지막 때에도 교회에 속한 자만 구원받게 됩니다.

성경읽기/ 요한복음 14:6을 읽고 왜 예수님으로 말미암지 않고는 아버지께로 갈 자가 없는지 말해봅시다.

3. 교회는 주님이 세우셨습니다.

주님은 "주는 그리스도시오 살아계신 하나님의 아들이십니다." 라고 신앙을 고백한 베드로에게 "내가 이 반석 위에 내 교회를 세우리니 음부의 권세가 이기지 못하리라" 고 하셨습니다.(마16:18) 교회는 주님이 세우셨습니다. 교회 이전에는 구약시대에 성막이 있었고 성전이 있었습니다. 이는 장차 나타날 교회의 모형이요 그림자였습니다. 그러므로 교회의 주인은 주님이시며 주님은 교회의 머리시요 왕이십니다. 모든 교회는 주님께 순복하며 주님의 일을 해야 합니다. 사람이 교회의 주인노릇을 하면 그곳은 교회가 아니고 인간집단이 됩니다. 이단들 중에는 스스로 교회의 주인노릇을 합니다. 자신이 이긴자요, 영생을 주고 구원을 준다고 말하는 교주들도 있습니다. 신천지의 이만희나 영생교 조희성, 안상홍 하나님의 교회는 교회가 아닙니다. 교회는 주님을 믿는 성도들의 모임 신앙 공동체요 생명 공동체입니다.

성경읽기/ 골로새서1:18을 읽고 예수님을 어떻게 표현하고 있는지 말해봅시다.

나가는 말

사탄의 무리들은 교회를 무너뜨리려고 혈안이 되어 있습니다. 사탄의 전략을 교회에 분열 분쟁을 일으켜 교회를 깨뜨리고 무너뜨리는 것입니다. 오늘날 많은 교회들이 이같은 분쟁에 휘말려들고 있습니다. 우리는 사탄의 전략에 말려들지 않도록 교회의 분열과 분쟁을 막아야 합니다. 내가 주인노릇 하려고 하면 안됩니다. 주인 되시는 주님말씀에 순종하며 성령이 하나되게 하신 것을 힘써 지켜야 합니다. 교회 밖에는 구원이 없습니다. 교회에 문제가 있다고 교회를 떠나면 물을 떠난 고기와 같습니다. 주님의 몸인 교회를 지키고 교회를 사랑하므로 영적 승리자들이 됩시다.

나눔의 시간

1. 오늘 말씀을 통하여 느낀 점을 말해봅시다.

2. 타 종교에도 구원이 있다는 종교다원주의에 대하여 어떻게 생각하는지 말해봅시다.

적용하기

오늘 말씀을 생활에 어떻게 적용할까 말해봅시다.

결단 및 합심기도

1. 교회 밖에는 구원이 없음을 알고 교회를 지키며 교회를 섬길 것을 다짐하며 기도합시다.

2. 우리 구역부흥과 전도 대상자를 위하여 기도합시다.

감사 및 알림

헌금 및 기도, 교회소식, 구역소식, 다음모임, 주기도.

제28과 종말관 무장

- 본문/ 마태복음 24:3-8
- 인사/ 반갑습니다. 사랑합니다. 주님의 이름으로 축복합니다.
- 찬송/ 179, 180장
- 신앙고백 (기도)

말씀읽기

3 예수께서 감람 산 위에 앉으셨을 때에 제자들이 조용히 와서 이르되 우리에게 이르소서 어느
때에 이런 일이 있겠사오며 또 주의 임하심과 세상 끝에는 무슨 징조가 있사오리이까 4 예수께
서 대답하여 이르시되 너희가 사람의 미혹을 받지 않도록 주의하라 5 많은 사람이 내 이름으로
와서 이르되 나는 그리스도라 하여 많은 사람을 미혹하리라 6 난리와 난리 소문을 듣겠으나 너
희는 삼가 두려워하지 말라 이런 일이 있어야 하되 아직 끝은 아니니라 7 민족이 민족을, 나라
가 나라를 대적하여 일어나겠고 곳곳에 기근과 지진이 있으리니 8 이 모든 것은 재난의 시작이
니라

생각하기/ 청어 운반하기

먼 북쪽 바다에서 청어 잡이를 하는 어부들의 관심은 어떻게 하면 오랜 항해를 마치고 런던까지 청어를 살려서 운반하느냐의 문제였습니다. 어부들이 아무리 노력해도 배가 런던에 도착해 보면 청어들은 거의 다 죽어 있었습니다. 그러나 한 어부만은 청어를 싱싱하게 산채로 가져와 높은 값을 받았습니다. 이상히 여긴 어부들이 그 이유를 물어 보니 "나는 청어를 넣은 통에다 메기를 한 마리씩 집어넣습니다." 그러자 동료 어부들이 놀라 물었습니다. "그러면 메기가 청어를 잡아먹지 않습니까?" "네, 메기가 청어를 잡아먹습니다. 그러나 놈은 청어를 두세 마리 밖에 못 잡아먹지요. 그 통 안에 있는 수백 마리의 청어들은 잡혀 먹히지 않으려고 계속 도망쳐 다니지요. 청어

들은 살기 위해 열심히 헤엄치고 도망 다니고 있습니다. 그러니 먼 길 런던에 도착해 와도 청어들은 여전히 살아 싱싱합니다." 라고 대답하였습니다.

말씀 속으로

1. 거짓선지자들을 조심해야 합니다.

제자들이 예수님께 세상 끝날의 징조를 물었습니다. 예수님께서는 여러 가지 징조를 말씀해 주셨습니다. 그중에 대표적인 것이 본문에 네 가지가 나타납니다. 첫째는 거짓예수의 등장과 거짓선지자들의 미혹이라고 하였습니다. 많은 사람이 내 이름으로 와서 너희를 미혹하리니 너희가 미혹을 받지 않도록 주의하라고 권고하고 있습니다.(마24:4-5) 이 시대는 거짓예수, 거짓선지자가 많이 나타나고 있습니다. 2013년 1월부터 모든 일간지에 예수님이 재림했노라고 자신이 재림예수라고 전면광고를 내는 이단이 있습니다. 중국에서 발생한 동방교 전능신교입니다. 우리나라에서는 죽은 안상홍을 하나님으로 섬기는 하나님의 교회가 있고 자신이 이긴자요 과천이 신천지가 되며 기성교회를 바벨론이라 공격하며 기성교회를 무너뜨리는 이만희 등이 나타나 성도들을 미혹하고 있습니다. 그 외에도 기쁜소식 선교회의 박옥수, 안식일을 지켜야 구원 받는다는 안식교 등 거짓선지자 이단들이 성도를 미혹하고 있습니다. 이단들을 분별하여 삼가야 합니다.

성경읽기/ 마태복음 7:15에서 예수님은 거짓선지자가 어떻게 나온다고 하였는지 말해봅시다.

2. 바른 종말관을 가져야 합니다.

이단들의 주무기는 종말론입니다. 거의 모든 이단들이 종말을 외치고 있습니다. 이단들이 종말을 외치고 다니니 기성교회들이 종말을 기피하는 현상이 나타나고 있습니다. 같이 종말을 외치면 이단이라 오해받을까 하여 종말을 전하지 못하는 교회들이 있습니다. 이것이 마귀의 함정입니다. 이단들이 날뛰도록 하여 기성교회를 잠재우게 만드는 술법입니다. 기성교회는 이단들이 많이 나타나고 있는 그 자체가 마지막 때임을 알고 경계하도록 하여야 합니다. 종말이 다가오는데 종말을 전하지 아니하므로 이단들의 올무에 걸려들면 안됩니다. 이단들 거짓선지자들이 외치는 종말은 자기에게 와야 구원 받고 자기들만이 구원 받는다며 성도들을 미혹시키는 거짓 종말론입니다. 우리는 예수님이 다시 오시므로 세상이 끝나는 성경적인 종말론을 믿고 전해야 합니다.

성경읽기/ 마태복음 24:11-12을 읽고 종말의 특징에 대하여 말해봅시다.

3. 항상 깨어있어야 합니다.

예수님께서는 세상 끝날의 징조들을 말씀하신 후에는 항상 깨어있으라, 준비하고 있으라. 생각지 않은 때에 인자가 오리라고 경고하셨습니다.(마 24:42,44) 깨어있는다는 말은 주님 맞을 준비를 하며 세상 유혹이나 쾌락에 빠지지 않고 바르게 신앙생활 하는 것을 말합니다. 또한 날마다 기도하며 말씀을 묵상하고 죽어가는 영혼들에게 복음을 전하며 사랑하는 삶이 깨어있는 것입니다. 이 시대는 깰 때입니다. 베드로는 만물의 마지막이 가까이 왔으니 그러므로 너희는 정신을 차리고 근신하여 기도하라고 하였습니다.(벧전4:7) 지금은 정신을 차리고 기도할 때입니다. 기도하여 영적인 힘을 길러야 할 때입니다.

성경읽기/ 마태복음 24:44을 읽고 어떻게 준비해야 할 것인지를 말해봅시다.

나가는 말

우리는 마지막 때에 살고 있습니다. 성경의 모든 예언이 이루어지고 있습니다. 이때 그리스도인들은 영적 경각심을 가지고 정신을 차려야 합니다. 성경은 "근신하라 깨어라 너희 대적 마귀가 우는 사자 같이 두루 다니며 삼킬 자를 찾나니"(벧전 5:8)라고 하였습니다. 지금은 방심하고 있을 때가 아닙니다. 세상에 취해 있을 때가 아닙니다. 지금은 정신을 차려야 할 때입니다.

나눔의 시간

1. 오늘 말씀을 통하여 느낀 점을 말해봅시다.

2. 거짓선지자들의 미혹을 받아본 적이 있는지 그때 어떻게 하였는지 나눠봅시다.

적용하기

오늘 말씀을 생활에 어떻게 적용할까 말해봅시다.

결단 및 합심기도

1. 나는 주님 맞을 준비가 되어 있는지, 주님이 내일 오신다 해도 괜찮은지 돌아보며 이제 깨어 기도하며 말씀 따라 살 것을 다짐하며 기도합시다.

2. 우리 구역부흥과 전도 대상자를 위하여 기도합시다.

감사 및 알림

헌금 및 기도, 교회소식, 구역소식, 다음모임, 주기도.

제29과 탐심을 물리치라

- 본문/ 누가복음 12:13-15
- 인사/ 반갑습니다. 사랑합니다. 주님의 이름으로 축복합니다.
- 찬송/ 94, 88장
- 신앙고백 (기도)

말씀읽기

13 무리 중에 한 사람이 이르되 선생님 내 형을 명하여 유산을 나와 나누게 하소서 하니 14 이
르시되 이 사람아 누가 나를 너희의 재판장이나 물건 나누는 자로 세웠느냐 하시고 15 그들에
게 이르시되 삼가 모든 탐심을 물리치라 사람의 생명이 그 소유의 넉넉한 데 있지 아니하니라
하시고

생각하기/ 욕심은 자신을 죽인다.

톨스토이의 작품 중에 이런 글이 나옵니다. 어떤 농부가 1천 루불만 내면 그가 종일 걸은 만큼의 땅을 차지한다는 소문을 듣고 아침 일찍 출발했습니다. 조건이 하나 있었는데 그것은 해가 떨어지기 전에 돌아와야 한다는 것이었습니다. 그는 내일이면 자기 것이 될 땅의 곳곳에 말뚝을 박으면서 한낮동안 걷다가 뒤돌아보니 실로 엄청난 넓이의 땅이었습니다. 그런데 앞을 보니 아주 기름진 땅이 눈에 띄었습니다. 욕심이 생긴 그는 힘껏 달렸습니다. 그리고 이제는 해가 지기 전에 출발점에 돌아와야 했습니다. 그러나 너무 땅을 넓게 잡았기 때문에 해떨어지기 전까지 갈 수 있을까 겁이 났습니다. 그는 쉴 사이 없이 뛰었습니다. "해지기 전에 빨리." 하고 중얼거리며 마구 뛰었습니다. 다행히도 그는 해가 막 지려는 순간 출발점에 도착하였으나 푹 쓰러졌습니다. 그는 땅을 차지하는 순간 그렇게 죽어갔던 것입니다.

말씀 속으로

1. 사람마다 탐심이 있습니다.

예수님께 한사람이 나아와 형에게 유산을 나누게 해달라고 간청을 하였습니다. 그는 형이 유산을 다 차지할까 걱정이 되었던 것입니다. 오늘 현대인들도 부모의 재산문제로 자녀들이 싸우는 일이 비일비재합니다. 특히 재벌그룹들이 재산권 때문에 형제간에 서로 법정싸움까지 벌리는 경우도 있고 또한 형제간에 살인사건도 발생합니다. 돈 때문에 자식이 부모를 죽이기도 하고 남편의 생명보험을 들어놓고 보험금을 타 먹기 위해 아내가 남편을 죽이기도 하고 또는 남편이 아내를 죽이는 사건도 있었습니다. 예수님은 사람의 생명이 그 소유에 있지 않다고 하셨습니다. 물질보다 소중한 것이 생명입니다.

성경읽기/ 잠언 28:16을 읽고 어떤 자가 장수한다고 하였는지 말해봅시다.

2. 탐심은 우상숭배와 같습니다.

인간의 욕심은 끝이 없습니다. 하나 가지면 둘을 원하고 열을 가지면 백을 원합니다. 가난한 사람이 1억만 있으면 좋겠다고 해서 1억이 주어지면 그것으로 만족하지 않고 10억을 바랄 것이고 10억이 생기면 100억을 바랄 것입니다. 명예도 권력도 정욕도 마찬가지입니다. 인간의 욕망은 채워지지 않습니다. 이것이 우상숭배와 같은 것입니다. 바울사도는 탐심을 우상숭배라고 하였습니다.(골3:5)

어떤 사람이 금광을 발견해서 큰 부자가 되었습니다. 하루는 그가 금광에서 캐낸 금을 가지고 배를 타고 집으로 돌아오다가 풍랑을 만나 침몰하게 되었습니다. 그때 배에 탔던 사람들은 목숨만 건지자는 생각으로 모든 짐을 다 버리고 가까운 섬으로 헤엄쳐 가서 살아났습니다. 그런데 이 부자는 지니고 있던 금을 허리에 전부 둘러매고 물속으로 뛰어 들었습니다. 무거운 금을 허리에 맨 그는 아무리 헤엄을 치려고 해도 점점 더 물속으로 가라안고 말았습니다. 욕심이 그를 죽게 만든 것입니다. 성경은 욕심이 잉태한즉 죄를 낳고 죄가 장성한즉 사망을 낳는다고 하였습니다.(약1:15)

성경읽기/ 에베소서 5:3을 읽고 무엇이 성도의 마땅한 바인지 말해봅시다.

3. 탐심을 물리쳐야 합니다.

우애가 남달리 좋았던 형제가 길을 가다가 금덩어리 두 개를 주웠습니다. 고생하며 하나님을 섬겼더니 이제 복을 받는다며 좋아했습니다. 좋은 집에서 떵떵거리며 살 것을 생각하니 기분이 절로 좋았습니다. 그런데 시간이 조금 흐르자 그 좋은 감정은 사라졌습니다. 동생은 형이 없었다면 두 개 다 내가 가지는 건데 하고 형은 동생이 없었다면 두 개 다 내가 가지는 건데 하며 서로가 미워졌습니다. 마침 강을 건너는 나룻배를 탔습니다. 강 중간에 갔을 무렵 갑자기 형이 품속에 있던 금덩어리를 꺼내서 깊은 강물 속에 버렸습니다. "아니 형님! 지금 뭐 하는 것입니까?" "아우야, 나는 이 황금이 있기 전에는 세상에서 너를 제일 좋아했단다. 그런데 황금을 가진 후 너를 미워하기 시작했단다. 그래서 그 황금 덩어리를 버렸단다." 동생 역시 그런 마음이 있었던 터라 그 황금덩어리를 강물 깊은 곳에 던져 버렸습니다. 탐심을 버리고 나서 형제애를 되찾았습니다.

주님은 탐심을 물리치라고 합니다. 탐심을 물리치는 길은 현재의 환경에서 감사하며 자족하는 마음을 가져야 합니다.

성경읽기/ 시편 119:36에서 시인은 뭐라고 기도하는지 말해봅시다.

나가는 말

그리스 신화에 황금손 미다스 왕 이야기가 있습니다. 평소 황금에 대한 욕심이 많았던 왕은 디오니소스에게 자신이 만지는 모든 것을 금으로 만들어 달라는 소원을 빌고 성취를 하게 됩니다. 나중에는 왕비와 공주마저 황금 동상으로 변합니다. 왕은 욕심을 후회했으나 돌이킬 수 없었습니다.

욕심으로 이루는 것은 나중에 큰 화가 될 수 있음을 교훈합니다. 우리는 이 땅에 빈손으로 왔다가 갈 때도 빈손으로 가게 됩니다. 그러므로 세상 것에 너무 욕심 부리지 말고 감사하며 자족하며 천국을 준비하며 살아가야 합니다.

나눔의 시간

1. 오늘 말씀을 통하여 느낀 점을 말해봅시다.

2. 나는 현재의 환경에서 자족하는지, 아니면 무엇에 대한 욕심이 있는지 말해봅시다.

적용하기

오늘 말씀을 생활에 어떻게 적용할까 말해봅시다.

결단 및 합심기도

1. 세상 것에 대한 지나친 욕심이 있었다면 회개하고 어떤 환경에서든지 감사하며 자족하는 마음을 달라고 기도합시다.

2. 우리 구역부흥과 전도 대상자를 위하여 기도합시다.

감사 및 알림

헌금 및 기도, 교회소식, 구역소식, 다음모임, 주기도.

제30과 분노를 다스리라

- 본문/ 에베소서 4:26-27, 31-32
- 인사/ 반갑습니다. 사랑합니다. 주님의 이름으로 축복합니다.
- 찬송/ 350, 368장
- 신앙고백 (기도)

말씀읽기

26 분을 내어도 죄를 짓지 말며 해가지도록 분을 품지말고 27 마귀에게 틈을 주지 말라... 31
너희는 모든 악독과 노함과 분냄과 떠드는 것과 비방하는 것을 모든 악의와 함께 버리고 32 서
로 친절하게 하며 불쌍히 여기며 서로 용서하기를 하나님이 그리스도 안에서 너희를 용서하심
과 같이 하라

생각하기/ 거울의 방에 개

어느 날 개 한 마리가 거울의 방에 들어갔습니다. 거울의 방에 들어간 개는 그 다음날 사체로 발견되었는데 이유를 알고 보니 그 개는 거울의 방에 들어가자 수십 마리의 개가 자기를 쳐다보는 것입니다. 순간 마구 짖었더니 수십 마리 개가 동시에 자기를 향해 짖는 것입니다. 놀란 개는 목에 힘을 주고 더 크게 짖었습니다. 그러자 수십 마리의 개도 질새라 목에 힘을 주고 짖었습니다. 결국 밤새 짖어댔던 개는 그만 지쳐 죽고 말았습니다.

우리가 살아가는 세상은 거울의 방과 같습니다. 그 방에서 내가 먼저 짖기 시작하면 다 따라 짖는 것입니다. 그러나 내가 먼저 웃기 시작하면 다 웃게 되는 것입니다. 내가 먼저 축복을 하면 다 축복하게 되고 내가 먼저 이해하고 용서하면 그도 이해하고 용서하는 것입니다. 중요한 것은 바로 내가 먼저 해야 하는 것입니다.

말씀 속으로

1. 분노는 옛 성품입니다.

어느 시골교회에서 봉고차를 사는 문제로 당회를 하는데 목사님이 봉고차의 필요성을 설명하며 성도들 운송하는데도 필요하고 심방 가는 데도 차가 필요하다고 하자 한 장로님이 반대를 하고 나섰습니다. 그는 예수님 시대를 예를 들며 예수님이 언제 차타고 다니면서 전도하고 심방하셨느냐며 반대를 합니다. 결국 찬반거수로 하는데 다 찬성하고 혼자만 반대하여 사는 것으로 결정이 나자 장로님이 화를 벌꺽 내며 문을 쾅 닫고 나가 화장실로 갔습니다. 화가 난 장로는 시골 재래식 화장실에 가서 담배를 꺼내 물고 성냥불을 켜서 붙이고 불을 화장실에 던지는 순간 사찰집사가 구더기 잡으려고 휘발유를 뿌려놔 불이 붙어 하체에 화상을 입고 병원에 실려 갔다고 합니다. 분노는 옛 성품입니다. 그리스도인들은 내 뜻대로 안되면 주 뜻대로 된 줄 알고 협조해야 합니다.

성경읽기/ 잠언 12:16을 읽고 어떤 자가 분노를 쉽게 나타낸다고 하였는지 말해봅시다.

2. 분노는 마귀로 틈타게 합니다.

바울사도는 분을 내어도 죄를 짓지 말라고 합니다. 순간적으로 분노할지라도 금방 풀라고 합니다. 사람은 감정을 가지고 있기에 자신의 자존심을 건드리고 아프게 하면 벌컥 화를 낼 수 있습니다. 그러나 그 화를 가지고 있으면 마귀가 틈을 탑니다. 해가 지기 전에 풀라는 것은 화를 품고 있지 말라는 말입니다.

이스라엘의 위대한 지도자인 모세가 가나안땅에 들어가지 못한 것은 그의 분노 때문이었습니다. 이스라엘 백성들이 물이 없다하며 "왜 우리를 이같이 나쁜 곳으로 인도하여 죽게 하느냐" 애굽에 있을 때가 더 좋았다고 계속 원망불평하자 하나님께서 그 소리를 들으시고 모세에게 "반석에게 명하여 물을 내라”고 하였습니다.(민20:8) 그때 모세는 백성들을 모으고 “내가 너희를 위하여 물을 내랴” 하며 반석을 두 번 쳤습니다. 이때 하나님께서 모세에게 내 거룩함을 나타내지 않고 분노했다고 가나안땅에 들어가지 못하리라고 했습니다.(민20:12) 분노는 하나님의 거룩함을 훼손시키는 것입니다.

성경읽기/ 에베소서 4:31을 읽고 무엇을 버려야 하는지 말해봅시다.

3. 혈기와 분노를 다스려야 합니다.

어느 교회 혈기가 왕성한 목사님이 혈기를 죽이려고 기도원에 금식기도를 들어갔습니다. 그는 토요일 두시까지 사모님께 기도원으로 오라고 하고 일주일간 혈기를 죽이기 위해 금식을 했습니다. 이제 토요일 금식을 끝내고 두시에 짐을 챙겨 내려 갈 시간인데 사모님이 도착하지 않았습니다. 조금 기다리다가 짐을 챙겨서 혼자 버스를 타러 내려갔습니다. 좀 기다리니 버스가 와서 타려고 하는데 그 차에 사모님과 여전도회 회장이 함께 내리는 것입니다. 순간 목사님은 “아니 지금 몇신데 이제 오느냐”고 사람들 앞에서 소리를 질렀습니다. 그러자 사모님이 조용한 목소리로 “목사님 혈기 죽이러 금식하셨는데 혈기가 아직 하나도 안죽었네요.” 하였습니다. 그때 목사님은 혈기가 남아있음을 깨닫고 다시 금식을 하여 혈기를 죽였다고 합니다. 분노와 혈기를 다스리기 위해서는 자신의 자아와 옛 성품을 죽이고 성령을 따라 살아야 합니다.

성경읽기/ 잠언 15:1에서 무엇이 분노를 쉬게 하고 무엇이 분노를 일으키는지 말해봅시다.

나가는 말

분노와 혈기는 옛사람의 성품입니다. 이는 하나님의 거룩성을 상실시키는 것입니다. 그리스도인들은 분노와 혈기를 다스려야 합니다. 분노는 다툼을 일으키게 되고 결국에는 칼을 부르게 됩니다.(욥기19:29) 성경은 유순한 대답은 분노를 쉬게 한다고 하였습니다. 우리는 말 한마디 한마디를 주께 하듯 하며 덕스럽고 유익이 되는 말을 하여야 합니다.

나눔의 시간

1. 오늘 말씀을 통하여 느낀 점을 말해봅시다.

2. 나는 혈기와 분노를 낸 적이 없었는가 살피고 어떤 때 혈기와 분노를 내는지 나눠봅시다.

적용하기

오늘 말씀을 생활에 어떻게 적용할까 말해봅시다.

결단 및 합심기도

1. 혈기와 분노로 다른 사람에게 상처를 준적이 있으면 회개하고 분노를 다스리기 위해 기도합시다.

2. 우리 구역부흥과 전도 대상자를 위하여 기도합시다.

감사 및 알림

헌금 및 기도, 교회소식, 구역소식, 다음모임, 주기도.

제31과 예수의 사람이 되라

- 본문/ 갈라디아서 5:24-26
- 인사/ 반갑습니다. 사랑합니다. 주님의 이름으로 축복합니다.
- 찬송/ 407, 433장
- 신앙고백 (기도)

말씀읽기

24 그리스도 예수의 사람들은 육체와 함께 그 정욕과 탐심을 십자가에 못 박았느니라 25 만일
우리가 성령으로 살면 또한 성령으로 행할지니 26 헛된 영광을 구하여 서로 노엽게 하거나 서
로 투기하지 말지니라

생각하기/ 클리블랜드 대통령

미국 프리스톨의 두 청년이 밤마다 술을 마시며 시간을 보냈습니다. 하루는 술을 마시러 가는 그 청년들의 눈에 '죄의 삯은 사망' 이라는 교회 게시판의 글이 들어왔습니다. 그것을 보고 충격을 받은 한 청년이 말했습니다. "나는 술집에 가지 않겠네. 교회에 갈 거야." "뭐? 쓸데없는 소리하지 말고 같이 술집에 가세." "아니야, 이제 나는 술집에 가지 않을 거야. 교회로 갈 거야." 교회에 간 청년은 자신이 얼마나 가치있는 사람인가를, 얼마나 소중한 사람인가를 알고 새로운 삶을 살기 시작했습니다. 마침내 그는 미국의 22대 대통령, 24대 대통령이 되었습니다. 그런데 그가 대통령이 되었을 때 그의 친구는 사형수가 되어 감방에서 자기 친구가 대통령이 된 기사를 보고 통곡을 했습니다. 그 대통령의 이름이 바로 클리블랜드입니다.

말씀 속으로

1. 예수의 사람은 예수님을 따르는 사람입니다.

정치인들이나 주먹세계에는 계보가 있습니다. 고 김대중 대통령 아래 있던 사람들을 대중 맨이라 하고 노무현을 섬기던 사람들을 노무현계라고 합니다. 또한 전 이명박 대통령을 섬겼던 참모진들을 MB계 사람이라 하고 박근혜 대통령을 섬기는 참모진들을 박근혜 사람이라고 합니다.

사도요한은 이 세상에 크게 두 분류의 사람이 존재하고 있다고 밝혀줍니다.(요일4:5-6) 하나님께 속한 자와 세상에 속한 자입니다. 하나님께 속한 자는 예수님을 믿는 자들이요. 세상에 속한 자는 예수님을 믿지 않는 자들입니다. 하나님께 속한 자들은 하늘의 사람이요 세상에 속한 자는 땅의 사람이며, 사단 맨들 입니다. 사단에게 속한 자들은 하나님의 말씀을 듣지 않습니다. 사도요한은 "세상에 속한 자들은 세상에 속한 말을 하매 세상이 그들의 말을 듣고 하나님께 속한 자는 우리의 말을 듣는다."고 하였습니다.(요일4:5-6) 하나님께 속한 자들이 예수의 사람입니다. 예수의 사람은 예수님을 믿고 따르는 자들입니다.

성경읽기/ 요한일서 4:3을 읽고 무엇으로 하나님께 속한 자와 적그리스도에 속한 것을 구분할 수 있는지 말해봅시다.

2. 예수의 사람은 육체와 정과 욕심을 못 박아야 합니다.

바울은 예수의 사람들은 육체와 함께 그 정과 욕심을 십자가에 못 박았다고 하였습니다. 여기서 말한 육체는 우리 몸을 의미하는 것이 아니고 육적인 일 즉 옛 습관과 옛 행위를 의미합니다. 육적인 일이란 갈라디아서 5장19-21절에 나오는 것들로 음행과 더러운 것과 호색과 우상숭배와 주술과 원수 맺는 것과 분쟁과 시기와 분냄과 당 짓는 것과 분열함과 이단과 투기와 술 취함과 방탕함과 그와 같은 것들입니다. 여기에는 열다섯가지가 나옵니다. 이것들은 모두 육체의 일로 못 박아버려야 할 것들입니다. 또한 정과 욕심도 못 박아야 합니다. 정과 욕심이란 정욕과 탐욕을 말합니다. 이것들은 모두 예수님 믿기 전에 행했던 일들로 옛사람이요 마귀의 속성들입니다. 예수의 사람은 신분이 하늘에 속한자요 거룩한 백성이 되었으니 땅에 속한 육과 정과 욕심을 죽여야 합니다. 바울사도는 골로새서 3:5에서 그리스도인들은 땅에 있는 지체를 죽이라고 하였습니다.

성경읽기/ 골로새서 3:5을 읽고 우리가 죽여야 할 땅에 있는 지체는 무엇인지 말해봅시다.

3. 예수의 사람은 예수의 향기가 있어야 합니다.

대중 맨들은 대중의 사상을 따르는 사람들이며 노무현계는 노무현의 정신과 사상을 따르는 사람들입니다. 예수의 사람은 예수님의 사상과 정신을 따르는 사람입니다. 꽃들도 장미는 장미의 향기를 가지고 있고 국화는 국화의 향기를 가지고 있습니다. 생화는 향기가 있지만 조화는 모양은 똑같아도 향기가 없습니다. 진짜 꽃과 가짜 꽃의 차이는 향기에 있습니다.

예수님을 믿는 사람에게는 예수님의 향기가 나야 예수의 사람이라 고 할 수 있습니다. 예수님의 향기는 온유와 겸손이며 섬김과 사랑입니다. 예수님을 따르는 자들에게 온유와 겸손과 사랑이 없다면 그는 예수의 사람이 아닙니다. 예수의 사람이 되는 것은 말로 되는 것이 아니고 삶에서 나타나야 합니다.

성경읽기/ 고린도후서 2:15을 읽고 우리는 어떤 자들에게 그리스도의 향기라고 하였는지 말해봅시다.

나가는 말

정치인은 줄을 잘서야 좋은 일이 생기고 좋은 자리를 차지한다고 합니다.

그래서 계보가 생깁니다. 자신의 수장이 대통령이 되거나 투표에서 이기게 되면 함께 승자가 되어 좋은 길이 열립니다. 그러나 자신의 수장이 패하게 되면 함께 패자가 됩니다. 그러므로 선거 때가 되면 줄서기 하느라 철새 정치인들이 나타납니다. 우리는 예수님께 줄을 선 사람들입니다. 우리는 예수의 사람들입니다. 예수님은 영원한 승자요. 만왕의 왕이십니다. 우리는 예수의 사람들로 예수의 정신을 계승시키며 예수의 향기를 나타내야 합니다.

나눔의 시간

1. 오늘 말씀을 통하여 느낀 점을 말해봅시다.

2. 나는 예수의 사람이라는 자부심을 가지고 있는지 예수의 정신을 계승하고 있는지 말해봅시다.

적용하기

오늘 말씀을 생활에 어떻게 적용할까 말해봅시다.

결단 및 합심기도

1. 예수의 사람으로 버리지 못한 것이 있으면 회개하고 예수의 정신을 가지고 예수의 향기를 나타낼 것을 다짐하며 기도합시다.

2. 우리 구역부흥과 전도 대상자를 위하여 기도합시다.

감사 및 알림

헌금 및 기도, 교회소식, 구역소식, 다음모임, 주기도.

제32과 화평함을 이루라

- 본문/ 에베소서 2:14-18
- 인사/ 반갑습니다. 사랑합니다. 주님의 이름으로 축복합니다.
- 찬송/ 327, 341장
- 신앙고백 (기도)

말씀읽기

14 그는 우리의 화평이신지라 둘로 하나를 만드사 원수 된 것 곧 중간에 막힌 담을 자기 육체
로 허시고 15 법조문으로 된 계명의 율법을 폐하셨으니 이는 이 둘로 자기 안에서 한 새 사람
을 지어 화평하게 하시고 16 또 십자가로 이 둘을 한 몸으로 하나님과 화목하게 하려 하심이라
원수 된 것을 십자가로 소멸하시고 17 또 오셔서 먼 데 있는 너희에게 평안을 전하시고 가까운
데 있는 자들에게 평안을 전하셨으니 18 이는 그로 말미암아 우리 둘이 한 성령 안에서 아버지
께 나아감을 얻게 하려 하심이라

생각하기/ 아이유의 인터뷰

전에 아이유라는 19세 된 가수가 TV방송에 나와 인터뷰를 했습니다. 사회자가 인터넷 싸이트에 악풀이 올라오지 않느냐고 물으니 올라온다고 대답을 했습니다. 사회자는 그런 악풀이 올라올 때 "화 나고, 신경질 나고, 스트레스 받지 않느냐" 고 물으니 아이유는 전혀 스트레스를 받지 않는다고 대답을 했습니다. 왜 안받느냐고 물으니 예를 들어 "얼굴도 못 생긴 것이 잘난 체 한다." 라고 올라오면 그래 난 못 생겼어 하고 그대로 받아들인답니다. 그러면 화날 일이 없답니다. "노래도 못한 것이 잘난 체 한다." 그러면 "그래 난 노래 잘 못해" 하고 받아들인답니다. 그러면서 싱글벙글하며 대답하는데 어쩜 그렇게 말을 잘하는지 감동이 되었습니다. 연예인들이 제일 시달리는 것이 악풀이랍니다. 그런데 아이유는 전혀 그렇지 않다고 합니다. 화평을 이루려

면 상대방을 받아들이고 인정해야 합니다.

말씀 속으로

1. 인류는 하나님과 원수였습니다.

인류의 시조 아담이 하나님 앞에 죄를 지으므로 아담의 후손인 모든 사람은 죄인이 되었습니다. 죄는 하나님과의 관계를 끊어지게 하고 하나님과 원수되게 합니다. 모든 사람은 하나님과 단절되었고 영적으로 죽게 되었으며 하나님과 원수가 되었습니다. 이제 모든 사람은 하나님 앞에 나아갈 수 없게 되었고 오직 어둠 속에 살다가 영원한 멸망인 지옥 불에 던져지게 되었습니다. 이것이 인간의 비극이요 인류의 운명입니다. 이때 하나님과 막힌 담을 허시고 끊어진 관계를 회복시키시려고 이 땅에 오신 분이 예수님이십니다. 전선줄이 끊어지므로 전기 공급이 안되어 어둠에 있는 곳에 전기 기술자가 와서 전선을 연결하므로 전기불이 들어온 것처럼 예수님이 죄로 인하여 하나님과 담이 막히고 교제가 끊어진 것을 죄의 담을 치워주시므로 하나님과 관계를 회복시켜 주신 것입니다.

성경읽기/ 에베소서 2:14을 읽고 원수된 것, 중간에 막힌 것을 무엇으로 헐어버리셨는지 말해봅시다.

2. 십자가로 화목을 이루셨습니다.

예수님의 십자가는 화평의 십자가입니다. 십자가는 하늘과 땅을 잇는 다리요 이웃과 이웃을 잇는 다리입니다. 예수님이 십자가에서 죽으시는 순간 하나님과 인간 사이를 막고 있던 담이 헐렸습니다. 하나님께 나아가는 길을 막아놓은 성소 휘장이 위로부터 아래까지 찢어졌습니다. 이제 예수님의 십자가로 말미암아 길이 열렸습니다. 이제 화목이 이루어진 것입니다. 바울사도는 골로새서 1:20에서 말하기를 "그의 십자가의 피로 화평을 이루사 만물 곧 땅에 있는 것들이나 하늘에 있는 것들이 그로 말미암아 자기와 화목하게 되기를 기뻐하심이라"고 하였습니다. 하나님과 인간의 화목을 위하여 예수님이 십자가에서 죽으심으로 막힌 담을 허시고 화목을 이루신 것입니다.

성경읽기/ 골로새서 1:22을 읽고 우리를 그 앞에 어떤 자로 세우려고 화목하게 하셨는지 말해봅시다.

3. 서로 화목을 이루어야 합니다.

그리스도인들은 모두 한 하나님의 자녀요 한 하늘나라 백성입니다 또한 영적으로 한 가족이며 모두 한형제요 자매들입니다. 가정에 분쟁이 있고 미움과 시기가 있다면 그 가정은 불행한 가정입니다. 우리는 모두 한 가족입니다. 그러므로 가족끼리 화목해야 합니다. 마음에 안 드는 일이 있고 내 생각 내 뜻대로 안 되는 일이 있어도 가정의 화목을 위하여 이해하며 협력해야 합니다. 또한 나를 힘들게 하는 일이 있거나 나를 아프게 하는 사람이 있을지라도 사랑으로 용서하며 그를 용납하고 축복하며 기도해 주어야 합니다.

교회가 화목이 깨지고 분쟁하는 일은 주님의 몸을 찢는 것과 같습니다. 자녀들이 서로 싸울 때 부모의 마음이 아픈 것처럼 교회가 하나 되지 못하고 서로 싸울 때 주님의 마음은 찢어지게 아픈 것입니다. 성경은 "평안의 매는 줄로 성령의 하나 되게 하신 것을 힘써 지키라"(엡4:3)고 하였습니다. 화목을 이루기 위해서는 서로 노력하며 힘을 써야 합니다.

성경읽기/ 에베소서 4:4을 읽고 왜 그리스도인들은 화목을 이루며 하나가 되어야 하는지를 말해봅시다.

나가는 말

예수님은 우리가 하나님과 화목되게 하시려고 십자가에서 죽으셨습니다. 예수님의 십자가의 피로 죄의 담이 무너지고 끊겼던 생명줄이 연결되었습니다. 이제 우리는 하나님과 화목 되었으니 하나님과 교제를 할 뿐만 아니라 이웃과 화목을 이루고 화평케 하는 삶을 살아야 합니다. 그리스도인들은 누구와도 담을 쌓고 살면 안됩니다. 담을 무너뜨려야 합니다. 내가 먼저 다가가서 손 내밀고 머리 숙이고 이해하고 포용해야 합니다.

나눔의 시간

1. 오늘 말씀을 통하여 느낀 점을 말해봅시다.

2. 나는 인간관계에서 담을 쌓고 사는 불편한 사람은 없는지 있다면 왜 그런지 말해봅시다.

적용하기

오늘 말씀을 생활에 어떻게 적용할까 말해봅시다.

결단 및 합심기도

1. 사람과의 관계에서 화목을 이루는 삶을 살 것을 다짐하며 기도합시다.

2. 우리 구역 부흥과 전도 대상자를 위하여 기도합시다.

감사 및 알림

헌금 및 기도, 교회소식, 구역소식, 다음모임, 주기도.

제33과 몸으로 헌신한다

- 본문/ 로마서 12:1, 고린도전서 6:19-20,
- 인사/ 반갑습니다. 사랑합니다. 주님의 이름으로 축복합니다.
- 찬송/ 215, 213장
- 신앙고백 (기도)

말씀읽기

롬12:1 그러므로 형제들아 내가 하나님의 모든 자비하심으로 너희를 권하노니 너희 몸을 하나님이 기뻐하시는 거룩한 산 제물로 드리라 이는 너희가 드릴 영적 예배니라

고전6:19 너희 몸은 너희가 하나님께로부터 받은바 너희 가운데 계신 성령의 전인 줄을 알지 못하느냐 너희는 너희 자신의 것이 아니라 20 값으로 산 것이 되었으니 그런즉 너희 몸으로 하나님께 영광을 돌리라

생각하기/ 서서평 선교사의 삶과 영성

그녀가 쉰넷의 나이에 영양실조로 죽자 사람들은 놀랬습니다.(1936년 6월26일). 미국에서 상당한 선교비를 받고 있었기 때문입니다. 그녀는 미국에서 보내온 선교비로 광주천의 걸인들과 나환자들, 갈곳 없는 사람들, 이일신학교 등에 쏟아 부었습니다. 그녀가 이 땅에 남기고 간 전 재산은 담요 반장과 밀가루 두홉, 돈 7전이 전부였습니다. 갖고 있는 재산 뿐 아니라 자신의 오장육부를 드려 세브란스에 최초의 장기기증을 하였습니다. 그녀는 이 땅에 와서 예수처럼 살다가 간 성녀였습니다. 빈자의 어머니, 나환자의 대모, 간호협회를 이 땅에 세운 창설자, 긍휼미를 거두어 성미제도를 정착시킨 장본인, 최초의 여성 신학교를 세운 사람, 530명의 나환자를 이끌어 조선총독부로 대행진을 이끌었던 철의 여인, 최초로 여선교회를 만든 비전의 사람, 금연 금주를 통한 절제 운동을 일으켰던 여인입니다.

말씀 속으로

1. 몸으로 헌신해야 합니다.

아프리카 선교사 리빙스톤의 일화가 있습니다. 그가 어렸을 때 자기가 다니던 교회에서 선교집회가 있어서 참석하였는데 선교헌금시간이 되어 헌금을 하려고 주머니를 뒤지다가 바칠 헌금이 없자 연보대가 강단으로 나아가자 그도 함께 앞으로 나아가 무릎을 꿇고 "저는 저 아프리카를 위해 저 자신을 바치고자 합니다."라고 자신의 몸을 드렸다고 합니다.

바울사도는 우리 몸을 하나님이 기뻐하시는 거룩한 산제사로 드리라고 합니다. 제사를 드리려면 제물이 있어야 합니다. 제물은 제단에서 죽여서 불태워 드립니다. 그런데 우리 몸을 죽여서 제물로 드리라고 하지 않고 산 제물로 드리라고 하였습니다. 왜 우리 몸을 하나님께 산 제물로 드리라고 할까요? 우리 몸은 우리 것이 아니라 주님의 것이기 때문입니다. 주님께서 우리 몸을 피로 값 주고 사셨습니다.(고전6:20) 우리는 몸을 드려 봉사하며 몸으로 하나님 앞에 헌신하는 삶을 살아야 합니다.

성경읽기/ 골로새서 2:17을 읽고 우리 몸이 누구의 것이라고 했는지 말해봅시다.

2. 몸을 거룩히 해야 합니다.

하나님 앞에 드려지는 제물은 흠이 있으면 드려질 수가 없습니다. 양은 흠없는 1년 된 깨끗한 양을 드렸습니다. 우리가 몸으로 헌신하려면 먼저 우리 몸을 거룩히 구별해야 합니다. 우리 몸은 우리 것이 아니며 주께서 사신 주님의 것이요 성령의 전이 되었습니다. 바울사도는 말합니다. "너희 몸은 너희가 하나님께로부터 받은바 너희 가운데 계신 성령의 전인 줄을 알지 못하느냐 너희는 너희 자신의 것이 아니요 값으로 산 것이 되었으니"(고전6:19-20) 성령의 전이란 성령님이 우리 몸 안에 계신다는 말입니다. 예수님을 구주로 믿고 마음에 영접한 사람은 성령이 임재해 계십니다. 그러므로 우리 몸을 구별해야 합니다. 그리스도인들은 해야 할일이 있고 해서는 안될 일들이 있습니다. 돈을 벌기 위해 원조교재나 몸을 파는 일은 해서는 안되며 술 공장이나 술집을 경영해서도 안됩니다. 사람들로 하여금 죄를 짓게 하거나 죄를 짓는 일들을 할 수 없습니다.

성경읽기/ 고린도전서 6:18을 읽고 무엇을 피해야 하며 왜 피해야 하는지 말해봅시다.

3. 몸으로 하나님께 영광을 돌려야 합니다.

바울사도는 본문에서 너희 몸으로 하나님께 영광을 돌리라고 하였습니다. 몸으로 하나님의 영광을 돌리는 것은 우리 몸으로 하나님을 찬양하며 예배할 때 하나님이 영광을 받으십니다. 하나님은 감사로 제사를 드리는 자가 나를 영화롭게 한다고 하셨습니다.(시50:23) 또한 우리 몸으로 선한 일, 영혼 구원하는 일을 할 때 하나님이 영광을 받으십니다. 예수님께서는 “너희가 가서 과실을 많이 맺으면 내 아버지께서 영광을 받으실 것이요 너희가 내 제자가 되리라” 고 하셨습니다.(요15:8) 그리스도인의 삶의 목적은 하나님을 영화롭게 하고 영원토록 하나님을 즐거워하는 것입니다.

성경읽기/ 고린도전서 10:31을 읽고 어떤 것에서 하나님의 영광을 위하라고 하였는지 말해봅시다.

나가는 말

일본 도쿄 시부야에 개 하치동상이 있답니다. 그 개는 주인이 사무실에 들어갔는데 나오지를 않아 계단 앞에서 주인을 기다립니다. 하루 이틀 한달 두달 자리를 뜨지 않습니다. 먹을 것을 가져다주면 먹고 그 자리에서 주인을 기다립니다. 주인이 사무실에 들어가 사고로 죽어 실려 나갔는데 그걸 모르고 계속 주인이 나오기를 기다립니다. 9년을 기다리다가 거기서 죽었답니다. 그래서 그 자리에 그 개의 기념동상을 세웠는데 그것이 하치동상입니다.

개도 주인을 떠나지 않고 주인을 기다리며 살다가 그 자리에서 죽었는데 우리도 주인 되시는 주님을 위하여 살다가 주님을 위하여 죽을 수 있어야 합니다.

나눔의 시간

1. 오늘 말씀을 통하여 느낀 점을 말해봅시다.
2. 나는 지금 몸으로 주님을 위하여 무엇에 헌신하고 있는지 말해봅시다.

적용하기

오늘 말씀을 생활에 어떻게 적용할까 말해봅시다.

결단 및 합심기도

1. 더욱 몸으로 주님을 위하여 헌신하며 살 것을 다짐하며 기도합시다.
2. 우리 구역부흥과 전도 대상자를 위하여 기도합시다.

감사 및 알림

헌금 및 기도, 교회소식, 구역소식, 다음모임, 주기도.

제34과 물질로 헌신한다

- 본문/ 요한복음 12:3-7
- 인사/ 반갑습니다. 사랑합니다. 주님의 이름으로 축복합니다.
- 찬송/ 317, 321장
- 신앙고백 (기도)

말씀읽기

3 마리아는 지극히 비싼 향유 곧 순전한 나드 한 근을 가져다가 예수의 발에 붓고 자기 머리털
로 그의 발을 닦으니 향유 냄새가 집에 가득하더라 4 제자 중 하나로서 예수를 잡아 줄 가룟 유
다가 말하되 5 이 향유를 어찌하여 삼백 데나리온에 팔아 가난한 자들에게 주지 아니하였느냐
하니 6 이렇게 말함은 가난한 자들을 생각함이 아니요 그는 도둑이라 돈궤를 맡고 거기 넣는
것을 훔쳐 감이러라 7 예수께서 이르시되 그를 가만 두어 나의 장례할 날을 위하여 그것을 간
직하게 하라

생각하기/ 포드/ 하나님의 뜻

유명한 자동차 기업 포드회사의 사장 헨리 포드의 일화가 있습니다. 그가 한번은 아일랜드 더블린을 방문했다가 한 고아원을 방문했는데 그때 고아원 강당을 짓기 위한 기금후원 요청이 있었습니다. 가치 있는 일이라고 여겨 그는 2,000파운드를 후원하기로 약속했습니다. 그런데 다음날 신문에는 잘못 기사화되어 포드회장이 20,000파운드를 약속했다고 머리 기사로 나갔습니다. 고아원측에서 이것을 포드에게 사과하면서 정정 광고를 요청하겠다고 했더니 포드가 한숨을 쉬면서 이런 대답을 했다고 합니다. "할 수 없지요. 다 주님의 뜻이 아니겠습니까? 제가 18,000파운드를 더 내지요. 그 대신 강당이 완공되면 강당 입구에 이런 글이나 써 주시기를 요청합니다." "헨리 포드의 뜻이 아닌 하나님의 뜻을 따라 헌금을 드립니다."

말씀 속으로

1. 물질은 하나님의 것입니다.

하나님께서는 각 사람의 분량에 따라 물질을 주셨습니다. 재물 얻을 능력도 하나님이 주십니다.(신8:18) 물질을 주신 것은 물질을 바르게 활용하라고 주신 것입니다. 그러므로 그리스도인들은 열심히 벌어서 물질을 선한데 바르게 활용해야 합니다. 물질은 어떻게 쓰느냐에 따라 그 열매가 나타나고 그에 대한 결산을 받게 됩니다.

야고보서 5장에는 물질을 바르게 쓰지 못한 부자들에 대한 책망이 나옵니다. 그들은 땅에서 사치하고 방종하며 자신을 위하여 재물을 쌓았습니다. 주님은 그들에게 울고 통곡하라고 하십니다. 불같이 너희 살을 먹으리라고 경고합니다.(약5:1-5) 물질을 하나님의 뜻을 따라 선한데 바르게 활용하는 것이 헌신입니다.

성경읽기/ 전도서 5:19을 읽고 무엇이 하나님의 선물이라고 하였는지 말해봅시다.

2. 주님께 드리는 것이 헌신입니다.

마리아는 자기가 소유하고 있는 가장 값진 향유를 예수님께 부어드렸습니다. 이때 가룟 유다는 그 비싼 것을 팔아서 가난한 자들에게 주지 않고 허비하느냐고 마리아를 꾸짖었습니다. 그러나 그는 가난한자를 생각한 것이 아니라 도둑이라 훔쳐가려는 것이었습니다. 물질을 예수님께 드리는 것은 허비가 아니고 가장 가치있게 쓴 것입니다. 주님께 드리는 것은 하늘에 쌓는 것입니다. 주님께서는 보물을 땅에 쌓으면 좀과 동록이 해하며 도적이 구멍을 뚫고 도둑질해 가지만 보물을 하늘에 쌓으면 좀이나 동록이 해하지 못하며 도적이 구멍을 뚫고 도적질하지 못한다고 하였습니다.(마6:19)

일생토록 교직에 몸을 담았다가 은퇴한 장로님이 계셨습니다. 그가 가지고 있는 재산은 살고 있는 50평짜리 아파트 한 채와 퇴직금이 전부였습니다. 그는 큰 아들이 장가갈 때 50평짜리를 팔아 35평짜리 아파트로 옮기고 그 차액으로 자그마한 아파트 한 채를 마련해 주었습니다. 몇 년 후 딸을 시집 보내면서 다시금 20평짜리 아파트로 옮겼습니다. 그 뒤에 그는 가족들을 다 불러놓고 이렇게 유언을 했습니다. "내가 죽더라도 내가 살고 있는 이 집과 퇴직금은 하나님께 가지고 갈 것이다. 그러니 욕심내지 말아라." 그 뒤 장로님은 자기의 전 재산을 교회에 건축헌금으로 바치고 가셨습니다. 그는 물질로 헌신하셨습니다.

성경읽기/ 잠언 3:9에서 무엇으로 하나님을 공경하라고 하였는지 말해봅시다.

3. 물질을 선한 일에 써야 합니다.

물질을 복음전도와 선교, 어려운 이웃을 돕는 일에 쓰는 것이 헌신입니다. 미국 사람들은 돈에 대하여 건강한 사고방식을 갖고 있습니다. 그것은 자원봉사와 자선사업의 기부문화로 세계와 인류에 기여하고 있습니다. 자원봉사와 자선사업은 함께 갑니다. 90%의 자원봉사자들이 모두 자선사업에도 기여하고 있습니다. 그들은 자신의 시간과 몸과 물질로 다른 사람들을 축복하는 사람들입니다.

그리스도인들은 물질로 먼저 남을 축복하는 일에 활용해야 합니다. 우리는 어려워도 먼저 베풀려는 마음을 가져야 합니다. 주님은 주는 것이 받는 것 보다 더 복이 있다고 하셨습니다. 그러므로 물질을 열심히 벌어서 선한 일에 많이 베풀고 써야 합니다.

성경읽기/ 전도서 10:19을 읽고 무엇이 범사에 이용되는지 말해봅시다.

나가는 말

가난했던 록펠러는 어렸을 때부터 철저한 십일조 생활과 말씀중심 교회중심 목회자중심의 신앙생활을 하였습니다. 그는 세계 제일의 부자가 되었습니다. 그는 생전에 알려진 것만 교회를 5,000개 가까이 세우고 학교를 400여개 세웠고 대학교 10개를 세웠습니다. 그는 교회를 세우면서 자신의 이름을 밝히지 말라고 하였습니다.

물질로 하나님 나라를 위하여 쓰고 복음전도를 위하여 쓰며 교회건축을 위하여 헌신하면 이 땅에서도, 하늘에서도 영광을 얻게 됩니다.

나눔의 시간

1. 오늘 말씀을 통하여 느낀 점을 말해봅시다.
2. 나는 물질로 어떻게 헌신하고 있는지 나눠봅시다.

적용하기

오늘 말씀을 생활에 어떻게 적용할까 말해봅시다.

결단 및 합심기도

1. 물질로 헌신하지 못한 것이 있으면 회개하고 더 많이 헌신할 것을 다짐하며 기도합시다.
2. 우리 구역부흥과 전도 대상자를 위하여 기도합시다.

감사 및 알림

헌금 및 기도, 교회소식, 구역소식, 다음모임, 주기도

제35과 기도로 헌신한다

- 본문/ 골로새서 4:2-5
- 인사/ 반갑습니다. 사랑합니다. 주님의 이름으로 축복합니다.
- 찬송/ 364, 361장
- 신앙고백 (기도)

말씀읽기

2 기도를 계속하고 기도에 감사함으로 깨어 있으라 3 또한 우리를 위하여 기도하되 하나님이 전도할 문을 우리에게 열어 주사 그리스도의 비밀을 말하게 하시기를 구하라 내가 이 일 때문에 매임을 당하였노라 4 그리하면 내가 마땅히 할 말로써 이 비밀을 나타내리라 5 외인에게 대해서는 지혜로 행하여 세월을 아끼라

생각하기/ 교회의 발전소인 기도

스펄전 목사님이 살아계실 때 목사님은 자기 교회를 견학하러 오는 사람들에게 교회의 본당을 보여주지 않고 교회의 지하실로 내려갔습니다. 교회의 지하실에는 교회를 위해서, 목회자를 위해서, 성도들을 위해서 기도하는 성도들이 있었습니다. 밤늦게까지 꺼지지 않는 교회의 기도실. 그것을 보여 준 후에 스펄전 목사님은 언제나 이렇게 말씀했다고 합니다. “제 목회의 비밀은 이 성도들입니다. 그들이 나의 힘입니다. 그들이 우리 교회의 발전소입니다. 저들의 기도 때문에 이 교회는 존재할 수 있었습니다.” 그런데 스펄전 목사님이 떠나신 후에 교회는 기도하는 그룹이 사라지기 시작했습니다. 기도가 사라질 때 하나님은 교회의 영광도 거두시는 것입니다.
교회가 뜨겁고 성령 충만하고 부흥의 불길이 타오르려면 기도해야 합니다. 뜨거운 신앙을 유지하는 비결도 기도에 있습니다.

말씀 속으로

1. 기도를 계속해야 합니다.

기도는 영적인 호흡이며 하나님과의 대화요 하나님의 도움을 받는 통로입니다. 호흡은 항상 해야 하며 호흡이 중단되면 죽게 됩니다. 주님께서는 항상 기도하고 낙망치 말라고 하셨으며(눅18:1) 바울사도는 쉬지 말고 기도하라고 하였습니다.(살전5:17) 항상 기도하는 것과 쉬지 말고 기도하라는 것은 매일 규칙적으로 기도시간을 가지고 기도하라는 것입니다.

일제시대에 '성서조선 사건' 으로 감옥에 갇힌 김교신 선생은 주기도문을 하루에 100번씩 외워서 감옥생활 1년 동안에 36,500번을 외웠다고 합니다. 기도는 집에서도 하고 교회에서도 하고 산에서도, 감옥에서도 어디서나 할 수 있습니다.

예수님은 "구하라 주실 것이요 찾으라 찾을 것이요 문을 두드리라 그리하면 열릴 것이라" 고 하였습니다.(마7:7)

성경읽기/ 누가복음 2:37을 읽고 과부가 되고 팔십 사세 된 여인은 언제 기도했는지 말해봅시다.

2. 전도를 위하여 기도해야 합니다.

바울사도는 기도를 할 때 전도할 문을 우리에게 열어주시기를 기도하라고 하였습니다. 우리는 기도할 때 영혼구원을 위해 기도해야 합니다. 전도 대상자를 정하고 그 영혼을 위해 기도하고 주변에 믿지 않는 불신자들을 위해 기도해야 합니다. 기도해야 문이 열립니다. 강퍅했던 마음이 녹아지게 되고 닫힌 마음이 열리게 됩니다. 어거스틴은 불량 청소년이었습니다. 그러나 그의 어머니 모니카는 어거스틴을 위하여 20여 년간 날마다 기도했습니다. 결국 어거스틴은 말씀 앞에 녹아지고 변화되어 기독교 최고의 신학자가 되고 성자가 되었습니다. 기도하면 반드시 때가 되면 응답이 옵니다.

평택대광교회에 임산부 구역장이 있었습니다. 그는 출산 전날도 새벽기도하고 출산하고 다음날도 새벽기도에 나왔습니다. 하나님 앞에 새벽기도를 작정하고 아기 낳고도 새벽기도를 빠지지 않았습니다. 그 구역은 크게 부흥되었답니다. 우리는 전도를 위하여, 영혼구원을 위하여 기도해야 합니다.

성경읽기/ 요한복음 14:13을 읽고 주님의 이름으로 기도하면 왜 시행해 주시는지 말해봅시다.

3. 교회와 나라를 위해서 기도해야 합니다.

나라가 안전해야 교회도 안전하고 성도들이 평안한 가운데 신앙생활을 할 수가 있습니다. 나라가 전쟁에 휩싸이거나 망하게 되면 교회도 파괴되고 신앙생활을 제대로 할 수가 없습니다.

나폴레옹 군대와 영국해군 넬슨제독 군대의 전투가 벌어졌습니다. 전투 전에 나폴레옹의 부하가 "각하, 목사님을 모셔다가 기도를 하고 나가시지요" 하자 나폴레옹은 "전쟁은 내가 하는 것이지 하나님이 하시는 것이 아니야." 하고 전쟁에 나갔습니다. 그는 전쟁에서 패하고 수많은 부하들이 죽었습니다.

영국의 해군제독 넬슨은 "여호와께서 집을 세우지 아니하시면 세우는 자의 수고가 헛되며 여호와께서 성을 지키지 아니하시면 파수꾼의 경성함이 허사로다"(시127:1)라는 성경 말씀을 외우며 전투에 나가기 전에 군목과 함께 갑판 위에서 무릎을 꿇고 기도했습니다. 하나님은 그의 전쟁을 이기게 하셨고 그 결과로 영국이 살고 자기도 살고 부하들도 살았습니다. 우리는 나라를 위해서 기도해야 합니다.

성경읽기/ 시편 122:6에서는 무엇을 위하여 구하라고 하였나요?

나가는 말

기도는 누구나 할 수 있습니다. 나이 많은 분들도 할 수 있고 병든 자들도 할 수 있고 어린아이도 할 수 있습니다. 교회를 위하여 기도하고 영혼구원을 위하여 기도하며 나라를 위하여 기도하는 사람이 기도로 헌신하는 사람입니다. 다니엘은 포로로 끌려가서도 매일 조국 이스라엘을 위하여 하루에 세 번씩 예루살렘을 향한 창문 앞에 무릎을 꿇고 기도를 하였습니다. 성도는 교회에 와서 기도할 수 없으면 있는 곳에서 교회를 향하여 매일 기도시간을 가져야 합니다.

나눔의 시간

1. 오늘 말씀을 통하여 느낀 점을 말해봅시다.

2. 나는 매일 기도시간을 가지고 있는지 못 가지고 있다면 원인이 무엇인지 말해봅시다.

적용하기

오늘 말씀을 생활에 어떻게 적용할까 말해봅시다.

결단 및 합심기도

1. 기도로 헌신하지 못한 것을 회개하며 이제 매일 기도시간을 가질 것을 다짐하며 기도합시다.

2. 우리 구역부흥과 전도 대상자를 위하여 기도합시다.

감사 및 알림

헌금 및 기도, 교회소식, 구역소식, 다음모임, 주기도.

제36과 재능으로 헌신한다

- 본문/ 열왕기상 7:13-15
- 인사/ 반갑습니다. 사랑합니다. 주님의 이름으로 축복합니다.
- 찬송/ 447, 450장
- 신앙고백 (기도)

말씀읽기

13 솔로몬왕이 보내어 히람을 두로에서 데려오니 14 저는 납달리 지파 과부의 아들이요 그 아비는 두로 사람이니 놋점장이라 이 히람은 모든 놋 일에 지혜와 총명과 재능이 구비한 자더니 솔로몬왕에게 와서 그 모든 공작을 하니라 15 저가 놋기둥 둘을 만들었으니 그 고는 각각 십팔 규빗이라 각각 십 이 규빗 되는 줄을 두를만하며

생각하기/ 나는 영업파트

어떤 비행기가 엔진고장으로 추락하고 있었습니다. 비행기 안에 탄 사람들이 공포와 두려움에 질려서 어쩔 줄 몰라 합니다. 한 사람이 태연스럽게 앉아있는 것을 본 옆 사람이 그 사람의 표정을 살핍니다. "당신 뭐하는 사람이요?" "나는 목사입니다." "그럼 잘 됐습니다. 지금 비행기가 추락하고 있는데 당신이 믿는 하나님께 빨리 기도해서 비행기가 추락하지 않도록 해달라고 부탁을 드려보세요." 애타게 부탁했습니다. 목사님이 이 사람을 가만히 보더니 "저도 그랬으면 얼마나 좋겠습니까? 비행기가 떨어지고 안떨어지고 사람이 죽고 사는 것은 천국 기획국이나 비서실 소관인데 저는 영업파트에 있기 때문에 도무지 힘을 쓸 수가 없습니다. 저는 실적만 잘 올리면 됩니다. 당신 예수 믿습니까? 예수 믿으세요." 하며 전도를 하였습니다.

말씀 속으로

1. 사람마다 재능이 있습니다.

재능이란 하나님께서 세상을 살아가면서 일하라고 주신 달란트요 은사입니다. 모든 사람은 한가지 이상 재능을 가지고 있습니다. 어떤 사람에게는 성악의 재능이 있고 어떤 사람에게는 기악의 재능이 있으며 기악 중에서도 바이올린에 재능이 있는 사람이 있고, 피아노나 플룻, 또는 첼로에 재능이 있는 사람이 있습니다. 또한 어떤 사람에게는 체육에 재능이 있는데 체육 중에서도 축구에 재능이 있는 사람, 농구에 재능이 있는 사람, 배구에 재능이 있는 사람 등 다 다릅니다. 또 어떤 사람들에게는 과학에, 미술에, 어학에, 수학에, 기계조립에 각각 다른 재능들을 가지고 있습니다. 왜 하나님께서 각각 다른 재능들을 주셨을까요? 그 재능을 계발하여 서로 도우며 살라고 주신 것입니다. 우리는 나에게 어떤 재능이 있는가? 또한 우리 자녀들에게는 어떤 재능이 있는가? 그것을 계발시켜서 활용하도록 하여야 합니다.

성경읽기/ 출애굽기 31:4-5을 읽고 하나님께서 브사렐에게 어떤 재능을 주셔서 어떤 일을 하게 하리라고 하였는지 말해봅시다.

2. 재능으로 하나님께 헌신해야 합니다.

솔로몬왕은 두로에 사는 히람을 불러 성전의 기구들을 만들도록 하였습니다. 사람들 중에는 자신의 재능을 하나님의 영광을 위하여 사용하는 자가 있고 자신만을 위하여 사용하는 자가 있습니다.

유명한 흑인 성악가 마리안 앤더슨(1902-1973)은 노래를 잘 부르므로 영광을 한 몸에 받은 사람이었습니다. 그는 23개국에서 명예학위를 받았으며, 아이젠하워 대통령, 케네디 대통령 취임시에 미국 국가를 독창했고, 1963년에는 존슨 대통령으로부터 최고 훈장인 "대통령 자유상패"를 받았습니다. 이런 그가

40년간의 성악활동을 하고 은퇴할 때 말하기를 "나는 보잘 것 없는 노예 밖에 될 수 없는 인간이지만 하나님께서 아름다운 목소리를 주셨으므로 유명해진 것이지 내가 한 것이 아닙니다. 그러므로 하나님께 모든 명예와 찬양과 영광을 돌립니다."라고 연설하여 모든 미국인들에게 감명을 주었습니다. 우리는 나에게 있는 재능으로 주님께 헌신하여야 합니다.

성경읽기/ 열왕기상 7:14을 읽고 납달리 지파 히람은 어떤 재능을 가지고 어떤 일을 하였는지 말해봅시다.

3. 은사로 교회를 위해 헌신해야 합니다.

은사는 여러 가지입니다. 고린도전서에 나오는 성령의 은사가 있고 로마서 12장과 에베소서 4장에 나오는 직임적인 은사도 있습니다. 성령의 은사는 지혜의 말씀, 지식의 말씀, 능력 행함, 병 고침, 믿음, 영분별, 예언, 방언, 통변 등의 은사가 있고(고전12:8-10) 직임적인 은사는 목사, 교사, 다스리는 자, 섬기는 자 등 다양합니다.(엡4:11) 이 모든 은사는 교회를 섬기며 성도를 섬기라고 주신 것입니다. 그러므로 성도들은 나에게 어떤 은사가 있는지 확인하고 계발하여 그 은사로 교회를 섬기며 헌신해야 합니다. 은사를 활용하지 않으면 무서운 책망을 받게 됩니다.

성경읽기/ 에베소서 4:11-12을 읽고 직임적인 은사를 주신 목적에 대하여 말해봅시다.

나가는 말

교회 일에 아주 열심이신 권사님이 계셨습니다. 때로는 이른 새벽 교회에 오셨다가 교회 일 하시느라 밤늦게 돌아가실 때도 있었습니다. 하루는 늦게 집에 들어가니 남편이 소리를 버럭 지르면서 "어디를 그렇게 쏘다니는 거요? 집에 좀 붙어 있어요! 교회가 밥 먹여줘?" 합니다. 그때 권사님이 가만히 듣고 계시다가 이렇게 대답했습니다. "아니, 그럼 당신은 내가 다른 사람들처럼 동창생들 만나서 고스톱이나 치고 댄스홀이나 다니면서 춤이라도 춰야 직성이 풀리겠어요?" 그 말을 듣더니 남편은 두 손을 번쩍 들었답니다.

우리는 나에게 있는 재능으로 주님의 교회를 섬겨야 합니다.

나눔의 시간

1. 오늘 말씀을 통하여 느낀 점을 말해봅시다.

2. 나에게는 어떤 재능이 있는지 나눠보고 그 재능으로 어떤 일을 하는지 말해봅시다.

적용하기

오늘 말씀을 생활에 어떻게 적용할까 말해봅시다.

결단 및 합심기도

1. 나에게 있는 재능, 은사를 계발하여 은사로 헌신 할 것을 다짐하며 기도합시다.

2. 우리 구역부흥과 전도 대상자를 위하여 기도합시다.

감사 및 알림

헌금 및 기도, 교회소식, 구역소식, 다음모임, 주기도.

제37과 예수님의 마음을 배우라

- 본문/ 마태복음 11:29-30 (참고 빌 2:5-8)
- 인사/ 반갑습니다. 사랑합니다. 주님의 이름으로 축복합니다.
- 찬송/ 452, 455장
- 신앙고백 (기도)

말씀읽기

29 나는 마음이 온유하고 겸손하니 나의 멍에를 메고 내게 배우라 그리하면 너희 마음이 쉼을 얻으리니 30 이는 내 멍에는 쉽고 내 짐은 가벼움이라 하시니라

생각하기/ 하나님 부인인가요?

추운 겨울 열 살 된 소년이 뉴욕의 한 신발 가게 앞에 맨발로 서 있었습니다. 소년은 발이 꽁꽁 얼어 있었습니다. 승용차를 타고 가던 한 여인이 소년을 보고 멈춰 섰습니다. 그 여자는 차에서 내려 소년에게로 갔습니다. "얘야, 왜 그렇게 신발 가게 유리창을 쳐다보고 있니?" "하나님께 신발 한 켤레를 달라고 기도하고 있었어요. 신발이 없어요." 그 여인은 소년을 데리고 가게로 들어가서 양말 열두 켤레를 주문하였습니다. 그리고 대야와 수건을 부탁했습니다. 소년을 데리고 가게 뒤쪽으로 가서 장갑을 벗고 소년의 얼굴과 발을 따뜻한 물로 씻겨 주고 수건으로 닦아 주었습니다. 그리고 아이에게 양말을 신기고 가게로 돌아와 신발 한 켤레를 사주었습니다. 신발을 다 신게 하고 일어나 나가려는데 소년은 그 여인의 손을 꼭 잡고 물었습니다. "아줌마는 하나님의 부인이신가요?" 둘은 서로 바라보며 눈물을 흘렸습니다.

말씀 속으로

1. 예수님의 마음은 온유입니다.

온유라는 말은 헬라어의 '프라오테스'라는 말로 잘 길들인 짐승을 가리키는 말입니다. 온유란 자기를 잘 조절하고 다스리는 것입니다. 온유의 반대는 완고함으로 쉽게 자기의 감정을 폭발시키며 분노하고 신경질 내는 것. 자기 통제를 잃어버리는 것입니다. 온유한 자는 그의 본능, 감정, 욕망, 언행을 온전히 통제하는 사람입니다. 온유한 마음은 고무줄과 같이 부드러운 마음으로 상대를 이해하고 받아주고 용서하고 포용하는 마음입니다. 고무줄은 부드러워서 당기면 당겨지고 놓으면 들어가고 잘 끊어지지 않습니다. 그러나 곧은 막대기는 구부리면 꺾어집니다. 온유한 사람은 하나님의 지배를 받으며 사는 사람, 하나님의 손에 있는 사람입니다.

온유는 예수님의 마음이며 그리스도인들이 입어야 할 옷입니다. 바울사도는 "너희는 하나님이 택하신 거룩한 자처럼 긍휼과 자비와 겸손과 온유와 오래 참음으로 옷 입으라"고 하였습니다.(골3:12)

성경읽기/ 시편 37:11을 읽고 온유한자에게 주시는 축복이 어떤 것인지 말해봅시다.

2. 예수님의 마음은 겸손입니다.

겸손이란 자기를 낮추고 남을 높이는 것입니다. 그리스도들의 최대의 과제가 있다면 그것은 겸손을 배우는 일입니다. 겸손하지 않고는 예수님을 배울 수가 없습니다. "너희 안에 이 마음을 품으라 곧 그리스도 예수의 마음이니"(빌2:5) 라고 하셨습니다. 예수님의 마음은 겸손입니다. 사람은 겸손한 만큼 예수님을 닮아가는 것입니다. 겸손의 반대는 교만입니다. 교만은 자기를 스스로 높이는 것입니다. 교만은 마귀의 마음입니다. 하나님은 교만한자를 싫어하시고 겸손한자를 기뻐하십니다. 하나님은 천천의 수양과 만만의 기름보다 겸손히 하나님과 함께 행하는 것을 더 기뻐하십니다.(미6:7-8) 반면에 잠 6:17에는 하나님께서 싫어하시는 것 6-7가지가 열거되고 있는데 그 중에 첫 번째가 교만입니다. 하나님은 교만한자는 멸하시지만 겸손한자에게는 은혜를 주십니다.(잠3:33) 그러므로 우리는 항상 겸손해야 합니다. 바울사도는 "아무 일에든지 다툼이나 허영으로 하지 말고 오직 겸손한 마음으로 각각 자기보다 남을 낫게 여기라" 고 하였습니다.(빌2:3)

성경읽기/ 시편 10:17을 읽고 하나님은 어떤 자의 소원을 들어 주신다고 했는지 말해봅시다.

3. 예수님의 마음은 종의 마음입니다.

예수님은 하나님과 동등 되십니다. 그러나 하나님과 동등됨을 취하지 아니하시고 자기를 비워 종의 형체를 가지셨습니다. 그리고 종처럼 죽기까지 복종하셨습니다.(빌2:5-8) 바울사도는 그리스도인들을 향하여 "너희 안에 이 마음을 품으라." 고 하십니다. 우리는 예수님의 마음을 품어야 합니다. 예수님처럼 자신을 비워야 합니다. 그리고 예수님의 마음으로 채워야 합니다. 바울은 자신은 그리스도와 함께 십자가에 못 박혔다고 했습니다. 그리고 이제 자신이 사는 것은 예수 그리스도를 믿는 믿음 안에서 사는 것이라고 했습니다.(갈2:20) 그리스도인들은 자신을 십자가에 못 박고 이제 예수 안에서 살고 믿음 안에서 살아야 합니다. 자신을 비우지 않는 곳에서는 다툼과 분쟁이 일어납니다. 이는 자신의 육적인 욕망이 살아있기 때문입니다.

성경읽기/ 잠언 2:4에서 무엇이 죄라고 하였는지 말해봅시다.

나가는 말

예수님의 마음은 온유와 겸손, 종의 마음입니다. 그리스도인들은 예수님의 마음을 닮아가야 합니다. 온유하고 겸손해진 만큼 예수님을 닮아가는 것입니다.

톨스토이는 이 세상에서 가장 강한 사람은 '겸손한 사람' 이라고 했습니다. 끝까지 승리하는 사람은 겸손한 사람입니다. 어거스틴은 인간이 갖추어야 할 덕목은 "첫째도 겸손, 둘째도 겸손, 셋째도 겸손"이라고 하였습니다. 겸손은 예수님의 마음이요 교만은 마귀의 마음입니다. 토마스 아퀴나스는 교만은 모든 죄악의 어머니라고 했습니다. 그리스도인은 날마다 예수님의 마음을 배우고 예수님을 닮아가는 일에 힘쓰는 자들이 되어야 합니다.

나눔의 시간

1. 오늘 말씀을 통하여 느낀 점을 말해봅시다.
2. 나는 얼마만큼 예수님을 닮기 위해 힘쓰고 있는지 나눠봅시다.

적용하기

오늘 말씀을 생활에 어떻게 적용할까 말해봅시다.

결단 및 합심기도

1. 내 안에 교만한 마음이 있으면 회개하고 나를 비우고 예수님의 마음을 본받을 것을 다짐하며 기도합시다.
2. 우리 구역부흥과 전도 대상자를 위하여 기도합시다.

감사 및 알림

헌금 및 기도, 교회소식, 구역소식, 다음모임, 주기도.

제38과 예수님의 성품을 본받으라

- 본문/ 베드로전서 1:15-19
- 인사/ 반갑습니다. 사랑합니다. 주님의 이름으로 축복합니다.
- 찬송/ 421, 420장
- 신앙고백 (기도)

말씀읽기

15 오직 너희를 부르신 거룩한 이처럼 너희도 모든 행실에 거룩한 자가 되라 16 기록되었으되
내가 거룩하니 너희도 거룩할지어다 하셨느니라 17 외모로 보시지 않고 각 사람의 행위대로
심판하시는 이를 너희가 아버지라 부른즉 너희가 나그네로 있을 때를 두려움으로 지내라 18
너희가 알거니와 너희 조상이 물려 준 헛된 행실에서 대속함을 받은 것은 은이나 금 같이 없어
질 것으로 된 것이 아니요 19 오직 흠 없고 점 없는 어린 양 같은 그리스도의 보배로운 피로 된
것이니라

생각하기/ 화성남자 금성여자

"화성에서 온 남자 금성에서 온 여자" 라는 책이 있는데, 존 그레이 박사가 삼십년 동안 인간관계를 연구하고 상담한 것을 간증으로 쓴 책입니다. 사람들이 한 눈에 반해서 결혼을 했습니다. 결혼을 한 후에 자주 의견충돌이 생깁니다. 서로 자기주장이 옳다고 합니다. 그러니 내 주장대로 하자는 것입니다. "남편은 아내가 이렇게 해주기를 바라고 아내는 남편이 내 뜻대로 해주기를 바랍니다. 상대방을 자기에게 맞춰 변화시키려고 합니다. 교회에서도 다른 사람을 내 기준에 맞추려고 하면 항상 불만입니다. 남자가 여자보고 남자가 되라고 하고 여자가 남자보고 여자가 되라고 하면 될 수가 없습니다. 서로 다름은 인정해야 합니다. 상대방을 자기에게 맞추어 바꾸려고 하거나 나와 다르다고 판단하거나 정죄지 말아야 합니다.

말씀 속으로

1. 예수님의 성품은 거룩입니다.

거룩이란 헬라어 "하기오스"로 구별됨을 뜻합니다. 거룩이란 하나님의 속성입니다. 하나님은 거룩하십니다. 하나님이 거룩하시기에 하나님께 속한 것은 모두 거룩해야 합니다. 그래서 하나님께 속한 것에는 거룩 성(聖)자를 붙입니다. 성경(聖經), 성전(聖殿), 성물(聖物), 성도(聖徒), 성일(聖日) 등 하나님은 거룩하시니 하나님의 백성 또한 거룩하라고 말씀하십니다. 하나님의 백성들을 성도(聖徒)라고 합니다. 거룩한 길을 가는 사람들이란 의미입니다. 그리스도인들은 모두 거룩한 백성이요 거룩한 길을 가는 자들입니다. 그러므로 거룩한 백성답게 거룩해야 합니다. 우리가 어떻게 거룩할 수가 있을까요? 하나님의 말씀과 기도로 거룩하여 집니다.(딤전4:5) 그러므로 거룩한 자가 되어 거룩한 삶을 살려면 매일 말씀과 기도로 자신을 무장시켜야 합니다.

성경읽기/ 데살로니가전서 4:3을 읽고 아버지의 뜻이 무엇인지 말해봅시다.

2. 거룩은 구별입니다.

그리스도인들은 이 땅에 사는 동안 거룩한 백성답게 구별된 삶을 살아야 합니다. 그런데 현실은 그리스도인과 비그리스도인이 구별이 안 됩니다. 거룩한 하나님의 백성과 사탄의 백성의 삶이 구별이 안 되고 있습니다. 교회에 와서 예배드리는 것 외에는 믿는 사람인지 안믿는 사람인지 구별이 안 됩니다. 도덕적으로나 윤리적인 면에서도 구별이 안 되고 먹고 마시는 것에서도 구별이 안 됩니다. 우리는 구별되게 살아야 합니다. 날도 하나님의 날을 구별해서 지켜야 하고 물질도 하나님의 것을 구별해서 드려야 합니다. 그리스도인들은 죄에서 구별되어야 합니다. 우리의 말과 행위가 구별되어야 합니다. 성경은 우리에게 모든 행실에 거룩한 자가 되라고 말씀하십니다.

성경읽기/ 베드로전서 1:17에서 하나님을 아버지로 부른 우리는 나그네로 사는 동안 어떻게 하라고 하였는지 말해봅시다.

3. 거룩한 삶을 살아야 합니다.

사회가 어둡고 혼란하며 죄악이 성행하는 것은 그리스도인들이 거룩한 삶을 살지 못한데 있습니다. 세상 사람들은 그리스도인들에게 뭔가 다른 삶을 보기를 원하는데 다른 것이 보이지 않고 자기들보다도 못한 말과 행동을 하는 것입니다. 그리스도인들이 싸우기도 잘하고 거짓말도 잘하고 물건 사고 파는데 속이기도 잘합니다. 회사에서 그리스도인 사장들이 불신자 사장보다 종업원들을 더 힘들게 하고 월급도 제대로 지불하지 않고 돈이 있으면서도 물건값을 제때 안주는 자들도 있습니다. 그리스도인들이 사회로부터 욕을 먹고 비난을 받는 것은 거룩한 삶을 살지 않고 있기 때문입니다. 주께서 우리를 죄 가운데서 건져내셨으니 다시는 죄의 수렁에 빠지지 않도록 구별된 삶을 살아야 합니다.

성경읽기/ 로마서 13:13을 읽고 어떻게 행하고 무엇을 하지 말아야 하는지 말해봅시다.

나가는 말

예수님의 성품은 거룩과 사랑입니다. 거룩은 구별이고 사랑은 희생입니다. 그리스도인들은 주님의 성품을 닮아야 합니다. 우리는 세상에 사는 동안 나그네로서 두려움으로 지내며 죄 가운데 빠지지 않도록 자신을 지키고 구별되어야 합니다. 하나님은 각 사람의 행위대로 심판하십니다. 그러므로 예수님의 성품을 닮아 말씀과 기도로 무장하여 거룩한 삶을 살고 사랑을 실천하므로 예수님을 닮아가도록 힘써야 합니다.

나눔의 시간

1. 오늘 말씀을 통하여 느낀 점을 말해봅시다.

2. 나는 불신자들과 무엇이 구별되는지 얼마나 구별된 삶을 살고 있는지 말해봅시다.

적용하기

오늘 말씀을 생활에 어떻게 적용할까 말해봅시다.

결단 및 합심기도

1. 지금까지 구별된 삶을 살지 못한 것이 있나 살펴 회개하고 구별된 삶을 살 것을 다짐하며 기도합시다.

2. 우리 구역부흥과 전도 대상자를 위하여 기도합시다.

감사 및 알림

헌금 및 기도, 교회소식, 구역소식, 다음모임, 주기도.

제39과 예수님의 삶을 본받으라

- 본문/ 누가복음 10:43-45
- 인사/ 반갑습니다. 사랑합니다. 주님의 이름으로 축복합니다.
- 찬송/ 492, 502장
- 신앙고백 (기도)

말씀읽기

43 너희 중에는 그렇지 않을지니 너희 중에 누구든지 크고자 하는 자는 너희를 섬기는 자가 되고 44 너희 중에 누구든지 으뜸이 되고자 하는 자는 모든 사람의 종이 되어야 하리라 45 인자가 온 것은 섬김을 받으려 함이 아니라 도리어 섬기려 하고 자기 목숨을 많은 사람의 대속물로 주려 함이니라

생각하기/ 진정한 종

네비게이토의 지도자 가운데 한 사람이었던 론 새니라는 분이 한 젊은이에게 제자훈련을 시켰습니다. 그는 종에 대한 훈련을 받고 난 뒤에 론 새니에게 질문하였습니다. "선생님 내가 이제 그리스도의 종이 되었다는 것을 어떻게 알 수 있습니까?" 론 새니가 이런 유명한 대답을 했다고 합니다. "지금은 몰라. 자네가 사람들에게 종 취급을 당할 때 그때 자네가 어떻게 반응하는가를 보면 알지. 다른 사람들이 자네를 종 취급할 때 "네가 나를 무시해?" 하고 화를 내면 자네는 아직 종이 되지 못한 거야. 남들이 나를 종 취급하고 부릴 때 내 자존심이 꺽이고 내가 무시당하는 듯한 느낌을 가질 때 "그래 맞아. 나는 종노릇하는 사람이야. 주님의 종이야. 나를 밟아라. 기꺼이 당하겠다." 라고 말할 수 있다면 자네는 진정한 종이야." 라고 하더랍니다.

말씀 속으로

1. 예수님의 삶은 섬김입니다.

예수님은 만왕의 왕이요 만물의 주인이시지만 주인으로 섬김을 받으러 이 땅에 오신 것이 아니라 섬기러 오셨습니다.(막10:45) 그리고 가난한 자, 병든 자, 소외당한 자들을 섬겼습니다. 벧세다 들판에서는 배고픈 자들에게 먹을 것을 주셨습니다.(마15:32-37) 베데스다 연못가에서는 38년 된 병자를 찾아가 고쳐주셨습니다.(요5:7-8) 하나 밖에 없는 아들이 죽어 상여를 메고 나가는 나인성에 찾아가 아들을 살려주므로 불쌍한 과부에게 기쁨을 주었습니다.

세계적인 신학자인 영국의 존 스토트 박사는 예수님의 삶과 사역을 가장 잘 묘사하는 말씀이 마가복음 10:45 말씀이라고 하였습니다. "인자의 온 것은 섬김을 받으려 함이 아니라 섬기려 하고"라는 말씀입니다. 하나님의 아들이 사람들을 섬기려고 세상에 오셨습니다. 사도 바울은 하나님의 본체이신 예수님께서 종의 형체를 가지고 세상에 오셨다고 했습니다.(빌2:6,7) 예수님을 본받는 삶은 섬김입니다.

성경읽기/ 마가복음 5:8에서 예수님은 어떤 자를 고쳐주셨는지 말해봅시다.

2. 섬김에는 수고가 따릅니다.

주식회사 영성 대표 회장인 이정재 장로님이 그의 나이 33세였을 때 갑자기 피를 토하면서 쓰러져 정신을 잃었습니다. 당시 결핵은 불치병이었습니다. 진료를 받아 보니 사망 선고였습니다. "가망이 없습니다."라는 의사의 한 마디에 충격을 받고 마지막으로 찾은 곳이 서대문 시립병원 근처 폐병 환자들이 모이는 곳이었습니다. 그 곳으로 가보니 매일 수많은 폐병 환자들이 죽어 나갔습니다. 비참한 모습을 보면서 그는 간절한 기도를 하였습니다. "하나님! 한번만 살려 주시면 결핵 환자들을 위하여 이 생명을 바치겠습니다." 생명을 건 필사적인 서원 기도를 하였습니다. 기적이 일어났습니다. 병을 고침 받았습니다. 그는 사업 전선에 뛰어 들었습니다. "하나님! 이 사업의 이익금은 모두 결핵환자들을 위하여 사용하겠습니다." 그렇게 하여 장로님은 베데스다 선교회를 만들었습니다. 폐병 환자들의 보금자리를 만들었습니다. 종로 YMCA 옆 금싸라기 땅 500평(시가1000억원)과 인천시 내오리 산 28번지 1만 8,900평(시가30억원), 현금 26억여원을 모두 바쳐서 40여 년간 폐병 환자들을 섬기며 복지 사업을 하고 있습니다. 예수님의 삶은 섬김의 삶입니다.

성경읽기/ 마가복음 8:23을 읽고 예수님께서 맹인을 어떻게 고쳐주셨는지 말해봅시다.

3. 섬김의 삶은 아름답습니다.

"최상의 서비스"라는 책을 쓴 발지는 "고객의 68%가 단골이 되지 않는 오직 한 가지 이유는 나쁜 서비스 때문이다. 한 사람의 불만 고객이 10-20 명의 다른 사람들에게 불평한다."라고 말했습니다.

"서비스도 상품이다"를 쓴 칼 알브레히트는 "우수한 제품을 미흡한 서비스로 제공하느니, 차라리 평범한 상품을 우수한 서비스로 제공하는 편이 더 낫다." 라고 말합니다. 서비스의 황금률을 "당신이 고객일 때 받고 싶은 대접 그대로 고객들을 대접하라"고 말합니다. 섬김은 결코 손해 보는 것이 아닙니다. 가장 가치 있고 아름다운 자리는 각자 주어진 주님이 필요로 하는 자리입니다. 주어진 인생, 섬기지 않아도 썩게 되어 있습니다. 그리스도인들은 살아 있는 동안 주어진 것으로 서로 후회 없이 섬기는 삶이 살아가야 합니다.

성경읽기/ 요한복음 13:5을 읽고 예수님께서 제자들을 어떻게 섬겼는지 말해봅시다.

나가는 말

세상 사람들은 모두 섬김을 받으려고 합니다. 이는 섬김을 받는 자가 큰 자라고 생각하기 때문입니다. 세상에서는 섬기는 자는 작은 자요 종으로 취급받습니다. 그러나 하나님의 법칙은 섬기는 자가 큰 자요 높은 자라고 하였습니다.

무디(D. L. Moody) 목사님은 "사람의 위대함은 그가 얼마나 많은 종을 데리고 있느냐가 아니라 오히려 그가 얼마나 많은 사람들을 섬기는가에 따라 판가름 난다." 고 하였습니다. 사람이 영원히 큰 자가 되는 길은 가장 낮은 자리에서 섬기는 것입니다.

나눔의 시간

1. 오늘 말씀을 통하여 느낀 점을 말해봅시다.

2. 나는 얼마나 섬김의 삶을 살았는지 또한 무엇으로 어떻게 섬기고 있는지 나눠봅시다.

적용하기

오늘 말씀을 생활에 어떻게 적용할까 말해봅시다.

결단 및 합심기도

1. 종처럼 낮아져서 섬기지 못한 것들이 있으면 회개하고 섬기며 살 것을 다짐하며 기도합시다.

2. 우리 구역부흥과 전도 대상자를 위하여 기도합시다.

감사 및 알림

헌금 및 기도, 교회소식, 구역소식, 다음모임, 주기도.

제40과 예수님의 사랑을 본받으라

- 본문/ 요한복음 13:34-35, 요일3:16
- 인사/ 반갑습니다. 사랑합니다. 주님의 이름으로 축복합니다.
- 찬송/ 503, 560장
- 신앙고백 (기도)

말씀읽기

34 새 계명을 너희에게 주노니 서로 사랑하라 내가 너희를 사랑한 것 같이 너희도 서로 사랑하
라 35 너희가 서로 사랑하면 이로써 모든 사람이 너희가 내 제자인 줄 알리라
요일3:16 그가 우리를 위하여 목숨을 버리셨으니 우리가 이로써 사랑을 알고 우리도 형제들을 위하여 목숨을 버리는 것이 마땅하도다.

생각하기/ 원수사랑

루마니아가 공산국가일 때 어떤 부부가 예수를 믿는다는 죄목으로 비밀경찰에 잡혀서 투옥이 되었습니다. 그런데 어느 날 그 감옥에 그 부부를 잡아서 투옥시켰던 비밀경찰이 그 감방에 들어왔습니다. 그 이유는 젊은 부부를 잡아서 투옥시킨 그 비밀경찰에게 어느 날 어떤 소녀가 꽃다발을 가지고 왔습니다. 왜 가지고 왔느냐고 물으니 우리 엄마가 원수를 사랑하라고 했기에 이 꽃다발을 아저씨에게 가져왔다고 말했습니다. 왜 내가 네 원수냐고 물으니 "오늘이 우리 엄마 생일인데 아저씨가 우리 엄마 아빠를 잡아갔기 때문에 아저씨가 원수잖아요. 엄마에게 꽃다발을 선물로 드릴수가 없어서 원수를 사랑하라는 엄마 말에 순종하기 위해 꽃다발을 아저씨에게 드리는 거예요."라고 하더랍니다. 이 말을 들은 그 경찰은 양심의 가책을 느끼고 예수를 믿게 되고 그 기독교인들과 마찬가지로 잡혀왔다는 것입니다.

말씀 속으로

1. 사랑은 주는 것입니다.

사랑은 하나님의 속성이요 예수님의 속성입니다. 그러므로 사랑하는 자는 하나님을 알고 사랑하지 아니하는 자는 하나님을 알지 못한다고 하였습니다.(요일4:7-8) 예수님은 하나님의 사랑의 사신으로 이 땅에 오셔서 하나님의 사랑을 그대로 보여주셨습니다. 하나님의 사랑은 주는 사랑입니다. 하나님은 우리를 사랑하셔서 우리 죄인들을 살리기 위하여 독생자 예수님을 주셨습니다. 예수님은 이 땅에 오셔서 죄인된 우리를 위하여 자신의 살도 주시고 피도 주시고 생명도 다 주셨습니다. 사랑은 주는 것입니다. 사랑하는 자에게는 모든 것을 다 줘도 아깝지가 않습니다. 사랑은 자기의 유익을 구하지 않습니다. 예수님은 자기 사람들을 사랑하시되 끝까지 사랑하셨습니다.(요13:1) 그리고 예수님은 내가 너희를 사랑한 것같이 너희도 서로 사랑하라고 하셨습니다.(요13:34)

성경읽기/ 요한일서 4:9을 읽고 하나님의 사랑이 어떻게 나타났는지 말해봅시다.

2. 사랑은 희생입니다.

펠리컨이란 새가 있습니다. 내륙의 호수에 살면서 암수가 함께 알을 품어 부화시키며 새끼를 키우기도 합니다. 이 새는 아래턱에 신축성이 있는 큰 주머니가 있어 작은 물고기나 새우를 빨아 삼켜 먹이를 저장해 두었다가 새끼들에게 먹이곤 합니다. 날씨가 추워 물이 얼어 붙거나 먹이를 구할 수 없을 땐 주머니속의 먹이를 모두 쏟아 새끼들에게 먹인 후 먹이가 모자라 새끼들이 굶주리게 되면 자신의 가슴팍을 부리로 뜯어서 그 살을 새끼들에게 먹입니다. 그러다가 나중에는 자기의 몸을 새끼들에게 뜯어 먹이고 자신은 죽습니다.

주님은 자신의 살을 찢고 피를 쏟아 죽으시면서까지 우리를 사랑하셨습니다. 주님은 세상에서 가장 큰 사랑은 친구를 위하여 목숨을 버리는 사랑이라고 하셨습니다. 예수님은 죄인된 우리를 살리기 위하여 자신의 목숨을 버리셨습니다. 참사랑은 목숨까지도 내어줍니다. 희생이 없는 사랑은 참사랑이 아닙니다.

성경읽기/ 요한일서 3:16에서 예수님이 어떻게 우리를 사랑하셨으며 우리가 어떻게 하는 것이 마땅하다고 하였는지 말해봅시다.

3. 사랑을 실천해야 합니다.

성자 프란시스(francis)가 길을 가다가 우연히 나환자를 지나치게 되었습니다. 그는 나환자를 본 순간 마음에서 갈등이 생겼습니다. 그에게 가서 기도해 주고 싶은 마음과 두려운 마음이었습니다. 성령님께서 그의 마음을 움직이기 시작하셨습니다. 그는 기도했습니다. "주님 제가 나환자를 그냥 지나쳤는데 그것이 잘못입니까?" 그러자 주님께서 "네가 왜 그를 그냥 지나쳤느냐?" 라고 물으셨습니다. 프란시스는 그가 너무 더럽게 느껴졌습니다." 고 대답을 하였습니다. 그 때 주님의 음성이 들렸습니다. "너는 그 나환자 보다 나으냐? 너는 그 보다 더 더렵혀진 죄인이었다. 난 그런 너의 모습을 그대로 받아주고 사랑했었단다." 그래 프란시스는 다시 나환자에게 돌아가 그에게 입 맞추고 축복을 했다고 합니다. 사랑은 실천해야 합니다.

주님은 하늘영광을 버리시고 이 땅에 오셔서 벌레만도 못한 죄인 된 우리를 사랑하셔서 자신의 목숨을 내어 주셨습니다. 이 큰 사랑을 받은 우리도 주님을 본받아 서로 사랑하며 살아야 합니다.

성경읽기/ 요한일서 4:11을 읽고 왜 우리가 서로 사랑해야 하는지 말해봅시다.

나가는 말

기독교의 핵심은 사랑입니다 우리는 사랑하도록 부름을 받았습니다. 세상에는 사랑을 주는 사람은 적고 사랑 받고자 하는 사람은 넘쳐 납니다. 모두 사랑을 달라고 합니다. 그리고 사랑이 없다 합니다. 사랑은 해야 넘칩니다. 사랑을 하진 않고 받기만 하려 하면 고갈되어 없습니다. 우리는 사랑이 없다고 하지말고 사랑을 하시기 바랍니다. 사랑은 참는 것입니다. 주는 것입니다. 희생하는 것입니다. 주님은 아픔도 참으시고 죄인된 우리를 용납하시고 자신의 목숨까지 주시며 우리를 사랑하셨습니다.

나눔의 시간

1. 오늘 말씀을 통하여 느낀 점을 말해봅시다.
2. 나는 어디서 누구에게 어떻게 사랑을 나누며 실천하고 있는지 말해봅시다.

적용하기

오늘 말씀을 생활에 어떻게 적용할까 말해봅시다.

결단 및 합심기도

1. 예수님의 사랑을 본받아 성도를 사랑하고 이웃을 사랑할 것을 다짐하며 기도합시다.
2. 우리 구역부흥과 전도 대상자를 위하여 기도합시다.

감사 및 알림

헌금 및 기도, 교회소식, 구역소식, 다음모임, 주기도.

제41과 순종하는 생활

- 본문/ 사무엘상 15:22-23
- 인사/ 반갑습니다. 사랑합니다. 주님의 이름으로 축복합니다.
- 찬송/ 440, 325장
- 신앙고백 (기도)

말씀읽기

22 사무엘이 이르되 여호와께서 번제와 다른 제사를 그의 목소리를 청종하는 것을 좋아하심
같이 좋아하시겠나이까 순종이 제사보다 낫고 듣는 것이 숫양의 기름보다 나으니 23 이는 거
역하는 것은 점치는 죄와 같고 완고한 것은 사신 우상에게 절하는 죄와 같음이라 왕이 여호와
의 말씀을 버렸으므로 여호와께서도 왕을 버려 왕이 되지 못하게 하셨나이다 하니

생각하기/ 프란시스의 시험

두 청년이 아시시의 성자 프란시스를 찾아 왔습니다. "원장님, 우리는 선생님 밑에서 신앙을 배우고 수도하기를 원합니다. 이 수도원에 들어올 수 있도록 허락해주십시오." 그 때 프랜시스는 한 가지 시험을 했습니다. 채소밭에 데리고 가서 채소를 다 뽑으라고 했습니다. 그리고 배추를 잎을 땅에 묻고 뿌리는 하늘을 향해 심으라고 했습니다. 그리고 프랜시스는 그 자리를 떠났습니다. 한 청년은 고개를 갸우뚱하면서도 프랜시스가 시키는 대로 거꾸로 심었습니다. 다른 한 청년은 "아하, 프랜시스가 인격은 훌륭하지만 농사짓는 데는 무식하구나. 배추를 심으려면 뿌리를 흙에 묻어야지, 잎을 흙 속에 묻고 뿌리를 위로 향하게 심으면 죽지." 그래서 그는 모두 바로 심었습니다. 얼마 후 프란시스 원장이 왔습니다. 거꾸로 심은 청년에게 "자네는 합격일세. 오늘부터 우리 수도원에 들어오게." 그리고 바로 심은 청년에게는 "불순종한 자네는 우리 수도원에 자격이 없네." 하며 내쫓았습니다.

말씀 속으로

1. 하나님은 순종하는 것을 기뻐하십니다.

사무엘 선지자가 사울에게 가서 하나님의 말씀을 전했습니다. 그것은 아말렉을 진멸하라는 것입니다. 아말렉은 이스라엘 백성들이 광야생활 할 때에 이스라엘을 침략해온 대적입니다. 하나님은 아말렉을 온전히 진멸하되 짐승까지도 모두 죽이라고 하였습니다. 사울은 군대를 이끌고 아말렉을 진멸하러 갔습니다. 싸움은 쉽게 끝났습니다. 21만의 대군이 순식간에 아멜렉을 치고 왕 아각을 사로잡았습니다. 그리고 짐승들도 살지고 좋은 것은 끌고 왔습니다. 사울은 승전고를 울리며 갈멜에 이르러 승전 기념비를 세웠습니다. 이때 하나님의 말씀이 사무엘에게 임했습니다. "내가 사울을 왕으로 세운 것을 후회하노라 그가 내 명령을 따르지 아니하였노라"(삼상15:11) 사무엘이 근심하며 사울을 찾아갔습니다. 사울은 말씀대로 아말렉을 진멸하고 왔노라고 보고합니다. 사무엘은 저 짐승의 소리는 무엇이냐고 물으니 이는 하나님께 제물로 바치려고 잡아왔노라고 합니다. 사무엘은 "하나님은 번제보다 순종하는 것을 기뻐하시며 순종이 제사보다 낫다" 고 하였습니다.(삼상15:22)

성경읽기/ 사도행전 5:29을 읽고 베드로와 사도들은 권력자들 앞에서 뭐라고 대답했는지 말해봅시다.

2. 순종은 말씀대로 따르는 것입니다.

순종은 말씀대로 따르는 것입니다. 신앙생활은 하나님의 말씀을 따라 사는 생활 입니다. 말씀이 인간의 논리나 이성에 맞지 않고 과학적으로 맞지 않는 것 같을 지라도 말씀을 따르는 것입니다. 하나님의 말씀이 현재 상황과 맞지 않고 내 생각에 맞지 않아도 따르는 것입니다. 하나님께서는 말씀하시길 "내 생각이 너희의 생각과 다르며 내 길은 너희의 길과 다름이니라. 이는 하늘이 땅보다 높음같이 내 길은 너희의 길보다 높으며 내 생각은 너희의 생각보다 높음이니라."(사55:8-9)라고 하셨습니다. 인간의 생각이 아무리 옳은 것 같을 지라도 하나님의 생각만 못합니다. 하나님의 말씀과 하시는 일은 실수나 잘못됨이 없으십니다. 그러므로 하나님의 말씀에는 무조건 순종하는 것이 바른 믿음입니다.

성경읽기/ 히브리서 13:17을 읽고 누구에게 순종해야 하는지 또 왜 순종해야 하는지를 말해봅시다.

3. 순종하면 축복이 따릅니다.

하나님은 말씀을 듣고 지키며 순종하는 자들에게는 축복을 약속하셨습니다. "네가 네 하나님 여호와의 말씀을 청종하여 이 율법 책에 기록된 그의 명령과 규례를 지키고 네 마음을 다하며 뜻을 다하여 여호와 네 하나님께 돌아오면 네 하나님 여호와께서 네 손으로 하는 모든 일과 네 몸의 소생과 네 가축의 새끼와 네 토지소산을 많게 하시고 네게 복을 주시되 곧 여호와께서 네 조상들을 기뻐하신 것과 같이 너를 다시 기뻐하사 네게 복을 주시리라" 하셨고(신30:9-10) 또 "내가 오늘 네게 명령하여 네 하나님 여호와를 사랑하고 그 모든 길로 행하며 그의 명령과 규례와 법도를 지키라.. 그리하면 네가 생존하며 번성할 것이요 또 네 하나님 여호와께서 네가 가서 차지할 땅에서 네게 복을 주실 것임이니라"(신30:16)고 하셨습니다. 하나님은 순종하면 복을 주시지만 불순종하면 버리십니다.

성경읽기/ 사무엘상 15:23을 읽고 말씀을 거역하는 것은 어떤 죄와 같다고 하였는지 말해봅시다.

나가는 말

사울은 왕이 되기 전에는 겸손한 자였습니다. 그러나 왕이 된 후에 교만해졌습니다. 말씀에 순종하는 자는 겸손한자요 불순종한 자는 교만한 자가 됩니다. 하나님은 순종을 기뻐하시고 순종하는 자에게는 축복을 주시지만 불순종한자는 버리시고 멸하십니다. 우리는 아무리 힘들고 어려운 일이 있어도 말씀에 순종하며 말씀을 인도하는 자들에게 순종하므로 복 받는 자들이 되어야 합니다.

나눔의 시간

1. 오늘 말씀을 통하여 느낀 점을 말해봅시다.

2. 나는 하나님의 말씀을 불순종한 적은 없는지 있었다면 언제 왜 그랬는지 나눠봅시다.

적용하기

오늘 말씀을 생활에 어떻게 적용할까 말해봅시다.

결단 및 합심기도

1. 말씀에 불순종한 것이나 말씀을 인도하는 지도자에게 불순종한 것이 있으면 회개하고 순종하며 살 것을 다짐하며 기도합시다.

2. 우리 구역부흥과 전도 대상자를 위하여 기도합시다.

감사 및 알림

헌금 및 기도, 교회소식, 구역소식, 다음모임, 주기도.

제42과 감사하는 생활

- 본문/ 시편 138:1-4
- 인사/ 반갑습니다. 사랑합니다. 주님의 이름으로 축복합니다.
- 찬송/ 428, 370장
- 신앙고백 (기도)

말씀읽기

1 내가 전심으로 주께 감사하며 신들 앞에서 주께 찬송하리이다 2 내가 주의 성전을 향하여 예배하며 주의 인자하심과 성실하심으로 말미암아 주의 이름에 감사하오리니 이는 주께서 주의 말씀을 모든 이름보다 높게 하셨음이라 3 내가 간구하는 날에 주께서 응답하시고 내 영혼에 힘을 주어 나를 강하게 하셨나이다 4 여호와여 세상의 모든 왕들이 주께 감사할 것은 그들이 주의 입의 말씀을 들음이오며

생각하기/ 3번씩 절하는 비둘기

2008년도에 TV 방송에서 나온 사건입니다. 회사원이 아침에 집을 나가 텃밭 곁을 지나가는데 밭두렁 숲에서 푸득푸득 소리에 무슨 소리인가 소리나는 쪽으로 가보니 고양이가 비둘기의 목을 물고 잡아먹으려는 순간 사람을 보고 비둘기를 두고 달아났습니다. 그 사람이 비둘기를 보니 목에서 피가 흐르고 있습니다. 비둘기를 안고 회사에 가서 약을 사다 발라주고 상처를 싸매주었는데 죽어가던 비들기가 살아났습니다. 먹이를 주었습니다. 그런데 그때부터 비둘기가 그 사람을 보면 3번씩 부리를 숙이며 절을 합니다. 그리고 주인 어깨에 와서 앉습니다. 매일 그 사원이 책상에 앉으면 책상 앞에 떨어져서 3번 인사를 합니다. 하도 신기해서 회사 직원하고 옷을 바꿔 입고 자리를 바꿔 앉았더니 이리저리 보더니만 이 사람은 주인이 아닌 것을 알아보고 절을 하지 않습니다. 이제는 주인이 다른 옷을 입고 변장하고 그 자리에 앉으니 이리저리

보더니 주인인걸 알아보고 또 3번 절을 하더랍니다.

말씀 속으로

1. 전심으로 감사합니다.

시편 138편은 다윗의 감사의 시입니다. 다윗은 감사의 사람입니다. 그는 하나님께 전심으로 감사한다고 했습니다. 전심이란 온전한 마음으로 감사하며 힘을 다해 감사한다는 말입니다. 다윗이 감사하는 이유는? 첫째는 주의 인자하심과 성실하심을 인하여 감사하고 둘째는 다윗이 간구하는 날에 응답하심을 인하여 감사하고 셋째는 자신의 영혼에 힘을 주어 나를 강하게 하셨음을 감사하고 있습니다. 다윗은 많은 환난을 겪었습니다, 사울에 의해 10여 년을 피난생활을 하면서 수없이 죽을 고비를 당했고 아들 압살롬에 의해 죽을 고비를 당했습니다. 그때마다 다윗은 하나님께 기도하여 응답받고 보호를 받았습니다. 그리스도인들은 어려움이 닥칠 때 기도해야 합니다. 그리고 기도에 응답주시며 이기게 하시는 하나님께 전심으로 감사해야 합니다.

성경읽기/ 골로새서 2:7을 읽고 어떻게 감사하라고 하였는지 말해봅시다.

2. 범사에 감사해야 합니다.

사람은 일이 잘될 때는 감사를 하지만 일이 잘 안되고 어려움이 닥칠 때는 감사대신 불평을 합니다. 그러나 성경은 범사에 감사하라고 하였습니다.

전 서울대 의대 교수인 박재형 박사는 아내가 불치병으로 20여 년 동안 투병 중에 있을 때 그는 간병하면서 이렇게 감사를 했습니다.

1. 아내가 절대적으로 필요한 존재임을 발견하게된 것을 감사하며
2. 치료기간 중에 사랑을 표현할 수 있어서 감사하며

3. 간호할 수 있는 사람들이 있어서 감사하며
4. 기도해 주고 사랑해 주시는 분들이 있어서 감사하며
5. 자신이 건강해서 간호할 수 있으며 병원에 근무함을 감사하며
6. 과거에 행복한 여자요 믿음이 있는 아내임을 감사하며
7. 아이들 모두 대학에 들어간 후 아파서 감사하며
8. 기도할 수 있는 기회를 주셔서 감사하며
9. 다른 병든 사람들을 이해할 수 있게 되어서 감사하며
10. 간병하느라 다른 잡념을 없애준 것을 감사한다고 하였습니다.

성경읽기/ 에베소서 5:20에서 언제 누구에게 감사하라고 했나요?

3. 감사는 하나님의 뜻입니다.

어떤 교회 집사님의 남편은 허구한 날 술을 마시고 "소주는 나의 목자시니 내가 부족함이 없으리로다."라고 노래를 불렀습니다. 어느 날 남편은 술에 취해 집 앞에 쓰러졌고 집사님은 힘들게 끌어다가 자리에 눕혔습니다. 그는 신세가 너무 처량해서 하나님께 따졌습니다. "하나님, 세상에 남자가 많고 많은데 어찌하여 이런 남자를 붙여주셔서 이 고생을 시키십니까?" 하며 서러워 훌쩍 훌쩍 울었습니다. 그때 범사에 감사해야 응답이 온다는 목사님의 말씀이 생각났습니다. 생각해 보니 감사한 일도 있었습니다. 첫째, 코를 골며 자고 있는 남편을 보니 과부가 아닌 것이 감사했습니다. 둘째, 술이 취해도 용케 집을 찾아오니 감사했습니다. 셋째, 술에 취해 주일에는 종일 집을 지켜주니 감사했습니다. 그는 웃으면서 기도를 드렸습니다. 그때 남편이 잠에서 깨어나 아내가 웃으며 기도하고 있는 모습을 보고 놀라 한밤중에 잠 안자고 무엇하냐고 물었습니다. 그는 "여보 당신하고 사는 것이 감사해서 그래"라며 감사의 제목들을 말해주었더니 아내의 말에 감동한 남편이 즉석에서 예수를 믿겠다고 하였답니다.

감사는 하나님의 뜻입니다. 감사하면 기적이 일어납니다.

성경읽기/ 시편 138:4을 읽고 왕들이 감사해야 할 이유가 무엇이며 그 말씀이 나에게는 어떻게 적용되는지 말해봅시다.

나가는 말

감사는 하나님의 뜻이요 원망 불평은 마귀의 뜻입니다. 그리스도인들은 모든 일에 하나님의 주권을 믿고 감사할 수 있어야 합니다. 감사는 가장 아름다운 언어입니다. 감사하는 곳에 행복이 있고 감사하는 곳에 축복이 임합니다.

나눔의 시간

1. 오늘 말씀을 통하여 느낀 점을 말해봅시다.
2. 나의 삶에서 감사거리를 10가지 이상씩 말해봅시다.

적용하기

오늘 말씀을 생활에 어떻게 적용할까 말해봅시다.

결단 및 합심기도

1. 감사하지 못하고 원망 불평했던 것들을 회개하며 기도합시다.
2. 우리 구역부흥과 전도 대상자를 위하여 기도합시다.

감사 및 알림

헌금 및 기도, 교회소식, 구역소식, 다음모임, 주기도.

제43과 찬송하는 생활

- 본문/ 히브리서 13:15-16
- 인사/ 반갑습니다. 사랑합니다. 주님의 이름으로 축복합니다.
- 찬송/ 621, 23장
- 신앙고백 (기도)

말씀읽기

15 그러므로 우리는 예수로 말미암아 항상 찬송의 제사를 하나님께 드리자 이는 그 이름을 증
언하는 입술의 열매니라 16 오직 선을 행함과 서로 나누어 주기를 잊지 말라 하나님은 이같은
제사를 기뻐하시느니라

생각하기/ 찬송가 백절

중국으로 젊은 "나선교" 목사님이 선교를 갔습니다. 중국 지하교회에서 중국인들하고 같이 예배를 드리는데 준비찬송시간, 웬걸 찬송이 100절 아닌가(진짜루). 이걸 어느 세월에 다 불러 하면서도 따라 부르는 나선교사님! 한국에선 많아야 5절이기에 부담이 없었는데 막상 50절 60절 계속 부르니까 속에서는 불평 불만이 점점 왕성해집니다. 그러나 하나님을 찬양하는 건데 이러면 안 되지 하면서 회개하는 맘으로 정성껏 찬양을 드립니다... 드디어 97절 98절 99절 100절, 은혜롭게 100절을 불렀습니다. 아 하나님 주의 이름이 어찌 그리 아름다운지요. 그런데 그때 인도자의 은혜로운 멘트...우리 한 번 더 뜨겁게 찬양 드리겠습니다. 으아악...

우스운 이야기지만 중국인들의 하나님께 대한 찬양과 열정을 본받아야 합니다. (프리첼 홈에서 옮겨왔음)

말씀 속으로

1. 찬양은 하나님이 기뻐하는 제사입니다.

제사에는 세 종류의 제사가 있는데 첫째, 몸으로 드리는 제사가 있습니다. 로마서 12:1 너희 몸을 하나님이 기뻐하시는 거룩한 산제사로 드리라고 했습니다. 둘째, 물질로 드리는 제사가 있습니다. 구약 레위기 1-5장에는 번제 소제 속죄제 속건제 화목제 등 5대 제사가 나옵니다. 이 제사는 모두 제물이 있어야 합니다. 제물이 없는 제사는 하나님께 드릴수가 없습니다. 셋째, 입술로 드리는 제사가 있습니다. 이는 찬양입니다. 찬양은 하나님께 드리는 입술의 제사입니다. 하나님은 찬양의 제사를 기뻐하십니다. 다윗은 고백하기를 "내가 노래로 하나님의 이름을 찬송하며 감사함으로 하나님을 광대하시다 하리니 이것이 소 곧 뿔과 굽이 있는 황소를 드림보다 여호와를 더욱 기쁘시게 함이 될 것이라"(시69편30-31)고 했습니다. 하나님은 찬송을 황소를 드리는 것보다 더 기뻐하십니다. 그러므로 그리스도인들은 매일 찬양의 제사를 드려야 합니다.

성경읽기/ 시편 33:1을 읽고 정직한자의 마땅히 행할 것이 무엇인지 말해봅시다.

2. 찬양은 그리스도를 증거하는 입술의 열매입니다.

그리스도인들은 그리스도를 증거해야 합니다. 그리스도를 증거하는 방법에는 전단지를 만들어 증거할 수 있고, 입술로 예수 믿으라고 전도하며 증거할 수 있습니다. 또한 선한 행실로 예수님을 증거 할 수도 있습니다. 뿐만 아니라 찬송을 통하여 예수 그리스도를 증거 할 수 있습니다. 서울역이나 영등포역 또는 길거리에서 찬양하는 찬양팀들을 볼 수 있습니다. 그들이 모여 찬양할 때 지나가는 사람들은 저들이 예수 믿는 자들임을 압니다. 찬송을 통하여 세상 사람들에게 예수 그리스도가 증거 됩니다. 찬양은 그리스도를 증거하는 입술의 열매입니다. 그리스도인들은 찬송을 통하여 주님의 이름을 증거하고 찬송을 통하여 하나님의 능력을 나타내게 됩니다. 세상 노래가 인간의 희로애락을 표현하는 예술이라 한다면 찬송은 예수 그리스도를 드러내는 최고의 예술입니다. 그러므로 매일의 삶 속에서 찬양을 통하여 하나님의 영광을 드러내고 예수 그리스도를 증거해야 합니다.

성경읽기/ 시편 145:2에서 다윗은 언제 주를 송축한다고 하였는지 말해봅시다.

3. 인간은 하나님을 찬양하도록 지음 받았습니다.

하나님은 말씀하시기를 “이 백성은 내가 나를 위하여 지었나니 나의 찬송을 부르게 하려 함이니라”(사 43:21)고 하셨습니다. 땅도 사람도 하나님의 피조물입니다. 하나님께서 그들을 지으신 목적은 찬송을 받으시기 위함이라는 사실입니다. 인간의 존재의 목적, 삶의 목적은 하나님을 찬송하며 하나님의 영광을 드러내는 것입니다. 그러므로 찬양을 하는 사람은 인간의 의무와 본분을 행하는 사람이요 찬송하지 아니하는 사람은 본분과 의무를 행치 않는 사람입니다. 이는 목적에서 이탈된 자입니다.

하나님을 찬양하는 것이 우리의 존재목적임을 알고 우리는 매일 찬송하며 살아야 합니다. 히브리서 기자는 항상 찬양의 제사를 하나님께 드리자고 했습니다. 찬양은 내 감정에 따라 해도 되고 안해도 되는 것이 아니라 항상 해야 할 의무요 우리의 존재목적입니다.

성경읽기/ 누가복음 19:40에서 예수님을 찬송하지 아니하면 누가 소리 지른다고 하였는지 말해봅시다.

나가는 말

기독교는 찬양의 종교입니다. 하나님은 우리에게 찬양 받으시기를 원하십니다. 세상 사람들은 세상노래를 부릅니다. 그러나 예수 믿는 사람들은 하나님을 찬양하는 찬송을 불러야 합니다. 찬양은 하나님을 영화롭게 하며, 예수님을 증거하는 입술의 열매이며, 하나님이 기뻐하시는 제사입니다. 하나님을 찬양하는 것은 우리에게 주어진 특권입니다. 우리는 목소리로 찬양하며, 춤추며 찬양하며, 모든 악기를 동원하여 하나님을 찬양하므로 하나님을 기쁘시게 하는 자들이 되어야 합니다.

나눔의 시간

1. 오늘 말씀을 통하여 느낀 점을 말해봅시다.
2. 나는 하루에 찬양을 몇번 정도 부르는지 나눠봅시다.

적용하기

오늘 말씀을 생활에 어떻게 적용할까 말해봅시다.

결단 및 합심기도

1. 매일 찬양하지 못한 날이 있었으면 회개하고 매일 하나님을 찬양할 것을 다짐하며 기도합시다.
2. 우리 구역부흥과 전도 대상자를 위하여 기도합시다.

감사 및 알림

헌금 및 기도, 교회소식, 구역소식, 다음모임, 주기도.

제44과 기뻐하는 생활

- 본문/ 빌립보서 4:4-7
- 인사/ 반갑습니다. 사랑합니다. 주님의 이름으로 축복합니다.
- 찬송/ 95, 91장
- 신앙고백 (기도)

말씀읽기

4 주 안에서 항상 기뻐하라 내가 다시 말하노니 기뻐하라 5 너희 관용을 모든 사람에게 알게 하라 주께서 가까우시니라 6 아무 것도 염려하지 말고 다만 모든 일에 기도와 간구로, 너희 구할 것을 감사함으로 하나님께 아뢰라 7 그리하면 모든 지각에 뛰어난 하나님의 평강이 그리스도 예수 안에서 너희 마음과 생각을 지키시리라

생각하기/ 비운의 여인 다이애나

유치원 보모로 있던 다이애나는 16세에 친구를 따라 영국 왕실 축제에 초대되어 갔다가 찰스 왕세자를 만납니다. 왕세자는 그녀를 보는 순간 첫 눈에 반해서 프로포즈를 했습니다. 그녀는 1981년 7월 29일 20세의 나이로 세기의 결혼을 하여 영국 왕실 가족의 왕세자빈이 되었습니다. 그녀는 남편이 차기 왕위를 계승할 때에는 자동적으로 왕후가 되는 동화속의 신데렐라와 같은 주인공이 되었습니다. 하지만, 그녀의 행복은 잠시 뿐이었습니다. 그녀는 결혼생활 16년 동안에 5번의 자살을 기도했고, 결국 1996. 8. 25일에 찰스 왕세자와 이혼을 했으며, 1997.8.31에는 이집트 출신의 백만장자인 애인 도디 알 파예드와 함께 동행 하던 중에 프랑스 파리에서 교통사고를 당하여 36세의 젊은 나이에 사망하는 비운의 여인이 되었습니다. 그녀는 세상의 모든 것을 가졌었지만, 마음에 참 평안이 없었기에 방황했던 것입니다.

말씀 속으로

1. 주안에서 항상 기뻐해야 합니다.

미국의 메모리얼 병원에서 하루15초 웃으면 2일 간의 수명연장을 가져온다고 발표했답니다. 한때 신바람 박사로 전국을 다니며 기쁨을 전했던 연세대 세브란스병원의 고 황수관 박사는 한번 크게 웃으면 200만원어치 엔돌핀이 나와 몸에 병균을 잡아먹고 건강하게 된다고 하며 항상 웃으라고 강조했습니다. 그는 미소를 지으니까 산적 같은 얼굴로도 광고모델을 한다고 하면서 그의 건강과 성공의 비결은 전도와 웃음이라고 했습니다.

성경은 그리스도인들에게 항상 기뻐하라고 권하고 있습니다. 항상 기뻐하는 것은 하나님의 뜻입니다.(살전5:16) 요즘같이 힘들고 어려운 일이 많은데 어떻게 항상 기뻐할 수 있느냐고 따지는 분도 있을 수 있습니다 그러나 힘들고 어려울수록 하나님의 말씀에 순종해야 합니다. 기뻐하면 하나님께서 문제를 해결해 주십니다. 힘들수록 성도는 하나님의 뜻에 순종하여 기뻐하며 살아야 합니다.

성경읽기/ 잠언 17:22에서 무엇이 양약이라고 했는지 말해봅시다.

2. 기뻐할 때 복이 옵니다.

다윗은 시편에서 하나님을 기뻐하면 하나님께서 마음의 소원을 이루어 주신다고 하였습니다.(시37:4) 그리스도인들은 하나님을 기뻐하고 하나님 말씀을 듣고 행하기를 기뻐해야 합니다. 그리고 가장 값진 보물인 예수님을 마음에 소유한 자들로써 항상 기뻐하며 감사하며 살아야 합니다. 기뻐하는 것이 하나님의 뜻이기에 하나님의 뜻에 순종하면 하나님이 소원을 이루어 주시고 복을 주십니다.

대구에서 레스토랑을 하는 최 사장은 직원들에게 화를 잘 냈고 그러니 직원들의 표정도 어둡게 되고 그 영향은 손님들에게 전달되어 매출이 줄었습니다. 어느 날 세미나를 다녀온 뒤부터 얼굴에 미소 짓기 시작하니 직원들이 당황하며 '우리 사장님이 뭘 잘못 드셨나? 왜 저러셔?' 하고 적응을 못하다가 계속 미소 지으며 부드러운 말을 건네니 직원들도 경계를 풀었고 레스토랑 분위기도 바뀌었고 손님도 늘어 매상이 껑충 올랐다고 합니다.

내가 미소 짓고 행복하면 내 주변 사람들에게 전달되고 그들도 행복해집니다. 그리스도인들은 항상 얼굴에 기쁨이 있어야 합니다. 그리스도인들은 가장 좋은 천국시민이 되었고 하나님의 자녀가 되었으며 영원히 사는 영생을 얻었으니 기뻐하며 살아야 합니다.

성경읽기/ 잠언 15:13을 읽고 무엇이 얼굴을 빛나게 하고 무엇이 심령을 상하게 하는지 말해봅시다.

3. 문제가 있을 때 기도해야 합니다.

그리스도인들도 세상에 살다보면 많은 어려움을 겪을 수 있습니다. 사업에 위기를 맞을 수도 있고 불치병에 걸릴 수도 있습니다. 자녀가 대학에 떨어질 수도 있고 남편이 직장에서 명퇴 당할 수도 있습니다. 그럴 때 믿는 자들은 염려, 근심, 걱정을 하지 말라고 합니다. "아무것도 염려하지 말고 너희 구할 것을 감사함으로 하나님께 아뢰라 그리하면 하나님의 평강이 너희 마음과 생각을 지키시리라." 고 했습니다.(빌4:6) 우리는 염려 근심거리가 있을 때 염려를 주께 맡기고 기도해야 합니다. 기도하면 하나님이 좋은 길로 인도하십니다. 기도는 문제해결의 열쇠입니다. 염려 근심은 뼈를 상하게 하고 몸을 병들게 하며 아무런 도움을 가져오지 못합니다.

성경읽기/ 야고보서 5:13을 읽고 고난당할 때 어떻게 하라고 했는지 말해봅시다.

나가는 말

웃는 얼굴은 천사의 얼굴이요 화난 얼굴은 마귀의 얼굴입니다. 사람은 마음속에 있는 것이 밖으로 나타납니다. 마음에 기쁨이 있으면 얼굴이 밝고 마음에 슬픔이 있으면 얼굴이 어둡게 나타납니다. 기쁜 일을 생각하면 기쁨이 오고 고통스런 일을 생각하면 근심걱정이 옵니다. 내가 미소 지으며 기뻐하면 다른 사람에게도 기쁨이 전달되고 내가 화내고 짜증내면 다른 사람에게도 불쾌감이 전달됩니다. 그리스도인들은 항상 천국을 바라보고 주님을 생각하며 기쁜 마음으로 살아가야 합니다.

나눔의 시간

1. 오늘 말씀을 통하여 느낀 점을 말해봅시다.
2. 나는 기뻐할 때가 많은지 염려할 때가 많은지 말해봅시다.

적용하기

오늘 말씀을 생활에 어떻게 적용할까 말해봅시다.

결단 및 합심기도

1. 항상 기뻐하지 못한 것을 회개하며 기뻐하며 살 것을 다짐하며 기도합시다.
2. 우리 구역부흥과 전도 대상자를 위하여 기도합시다.

감사 및 알림

헌금 및 기도, 교회소식, 구역소식, 다음모임, 주기도.

제45과 하나님의 형상인 인생

- 본문/ 창세기 1:26-28
- 인사/ 반갑습니다. 사랑합니다. 주님의 이름으로 축복합니다.
- 찬송/ 96, 302장
- 신앙고백 (기도)

말씀읽기

26 하나님이 이르시되 우리의 형상을 따라 우리의 모양대로 우리가 사람을 만들고 그들로 바
다의 물고기와 하늘의 새와 가축과 온 땅과 땅에 기는 모든 것을 다스리게 하자 하시고 27 하
나님이 자기 형상 곧 하나님의 형상대로 사람을 창조하시되 남자와 여자를 창조하시고 28 하
나님이 그들에게 복을 주시며 하나님이 그들에게 이르시되 생육하고 번성하여 땅에 충만하라, 땅을 정복하라, 바다의 물고기와 하늘의 새와 땅에 움직이는 모든 생물을 다스리라 하시니라

생각하기/ 생명의 소중함

어느 대학 강의실에서 교수님이 학생들에게 질문을 했습니다. "한 부부가 있었는데 남편은 매독에 걸려 있고 부인은 심한 폐결핵을 앓고 있습니다. 그 가정에 네명의 아이들이 있었는데 얼마 전에 병으로 한 명이 죽었고 나머지 세명도 결핵을 심하게 앓고 있습니다. 그런데 부인은 현재 임신 중입니다. 어떻게 하면 좋겠습니까?" 그러자 한 학생이 주저 없이 대답했습니다. "낙태 수술하는 것이 좋겠습니다." 그때 교수님께서 뭐라고 말씀하셨을까요? 그 대답은 "자네는 방금 베토벤을 죽였네." 였습니다. 이렇게 불행한 환경에서 다섯 번째 태어난 아이가 바로 베토벤이었습니다. 한 생명의 소중함을 일깨워 주는 이야기입니다.

말씀 속으로

1. 사람은 하나님의 형상입니다.

하나님은 사람을 창조하실 때 하나님의 형상대로 창조하셨습니다. 그러므로 사람은 모두 하나님을 닮았습니다. 자녀들은 기본적으로 부모를 닮습니다. 그러나 이 세상에는 인간을 동물의 형상으로 보는 진화론자들이 있습니다. 진화론자들의 학설은, 아메바가 오랜 기간 변화를 겪어 동물이 되고 동물이 되고 또 오랜 기간 변화를 겪어 인간이 되었다고 말합니다. 그러니까 인간이 동물의 형상으로 이루어졌다는 것입니다. 찰스 다윈의 학설입니다. 인간을 동물의 형상을 가진 존재로 보느냐, 하나님의 형상을 가진 존재로 보느냐는 정치, 경제, 문화, 예술 모든 면에서 큰 차이를 가져옵니다. 인간이 동물의 형상을 가졌다고 보면 인간 죽이는 것을 동물 죽이는 것으로 생각하며 인간의 존엄성은 없어집니다. 하나님은 사람을 창조하시고 제일 기뻐하셨습니다. 왜냐하면 하나님의 형상을 만드셨기 때문입니다.

성경읽기/ 창세기 2:7을 읽고 하나님이 사람을 어떻게 만드셨는지 말해봅시다.

2. 사람은 존귀합니다.

인간의 존엄성은 바로 우리가 하나님의 형상으로 만들어졌다는데 있습니다. 고 김수환 추기경이 살아 계실 때 법학자들 모임에 가서 이런 질문을 하셨습니다. "법률가들은 모든 법 앞에 인간은 존엄하다고 하는데 도대체 인간이 존엄하다는 근거가 무엇입니까?" 이 질문에 그들은 아무런 대답을 할 수 없었습니다. 인간이 다른 동물들보다 존엄한 이유가 진화론자들은 "지구상에 존재하는 생물 중에 가장 진화가 되었기 때문"이라고 할 것입니다. 그러면 인간보다 더 우수한 종이, 외계인이라면 그날로 인간의 존엄성은 포기해야 하는 것입니다. 인간이 존엄한 이유는 우리 안에 하나님의 형상이 있기 때문입니다. 동물들도 천사들도 인간을 함부로 대할 수 없는 것은 우리 안에 하나님의 형상이 있기 때문입니다. 모든 인간은 신의 형상을 가지고 있습니다. 예수님은 인간의 가치에 대하여 온 천하보다도 귀하다고 하셨습니다. "사람이 만일 온 천하를 얻고도 제 목숨을 잃으면 무엇이 유익하리요 사람이 무엇을 주고 제 목숨을 바꾸겠느냐"(막8:36-37) 그러므로 그리스도인들은 사람의 존귀함을 알고 살인을 해서도 안되고 자살을 해서도 안됩니다. 이는 존귀한 하나님의 형상을 죽이는 것입니다.

성경읽기/ 이사야서 49:5을 읽고 이사야는 자신을 어떤 자라고 고백했는지 말해봅시다.

3. 하나님 앞에서 사람은 평등합니다.

하나님의 형상으로 만들어진 인간은 모두 평등합니다. 흑인이나 백인이나 여자나 남자나 어른이나 아이나 모두 동일한 하나님의 형상입니다. 흑인이라고 해서 차별하고 백인이라고 해서 우대할 수 없습니다. 인종을 차별하거나 약자라고 무시할 수 없습니다. 사람 위에 사람 없고 사람 밑에 사람 없습니다. 장애인이라고 해서, 어린 아이라고 해서, 또는 무언가 부족한 인간이라고 해서 차별할 수 없습니다. 사람을 함부로 대하는 것은 하나님을 모독하는 것과 같습니다.

왕의 대사나 왕의 칙사는 함부로 대해서는 안됩니다. 그를 모독하는 것은 왕을 모독하는 것입니다. 어떤 위치에 있든지 왕의 칙사 앞에는 무릎을 꿇어야 합니다. 사람은 모두 평등합니다.

성경읽기/ 창세기 2:22을 읽고 하나님께서 여자를 어떻게 만드셨는지 말해봅시다.

나가는 말

인간은 하나님의 형상입니다. 그러므로 인간은 존엄하고 존귀합니다. 이 시대는 인간의 존엄성이 점점 사라져가고 있습니다. 이는 인간을 하나님의 형상으로 보지 않고 동물의 형상으로 보는 진화론의 영향이라고 할 수 있습니다. 진화론은 가설입니다. 예수님은 우리 안에서 사라져가고 있는 이 하나님의 형상을 회복시키시기 위해서 오셨습니다. 우리는 잃어져가는 하나님의 형상을 회복시켜야 합니다. 예수 그리스도를 닮아가므로 하나님의 형상을 회복할 수 있습니다.

나눔의 시간

1. 오늘 말씀을 통하여 느낀 점을 말해봅시다.
2. 나는 사람을 차별하거나 무시한 적은 없는지 나눠봅시다.

적용하기

오늘 말씀을 생활에 어떻게 적용할까 말해봅시다.

결단 및 합심기도

1. 점점 잃어져가는 하나님의 형상을 회복할 것을 다짐하며 기도합시다.
2. 우리 구역부흥과 전도 대상자를 위하여 기도합시다.

감사 및 알림

헌금 및 기도, 교회소식, 구역소식, 다음모임, 주기도.

제46과 인생의 목적

- 본문/ 고린도전서 10:31-33
- 인사/ 반갑습니다. 사랑합니다. 주님의 이름으로 축복합니다,
- 찬송/ 79, 311장
- 신앙고백 (기도)

말씀읽기

31 그런즉 너희가 먹든지 마시든지 무엇을 하든지 다 하나님의 영광을 위하여 하라 32 유대인
에게나 헬라인에게나 하나님의 교회에나 거치는 자가 되지 말고 33 나와 같이 모든 일에 모든
사람을 기쁘게 하여 자신의 유익을 구하지 아니하고 많은 사람의 유익을 구하여 그들로 구원을
받게 하라

생각하기/ 두 명의 여배우

미국에 영화의 도시로 알려진 곳이 할리우드입니다. 그곳에 유명한 두 배우가 있었는데 한 사람은 콜리 타우센드였고, 한 사람은 그 유명한 마릴린 몬로였습니다. 타우센드는 예수님을 믿기 전에는 세상의 부귀와 화려한 인기를 보배로 알고 살았으나 예수님을 믿고 선교 목사님과 결혼한 후 세상의 욕망을 따라 사는 삶을 포기했습니다. 그의 중심의 보배는 예수님이 되었고 예수님의 가신 길을 따라 오직 하나님과 이웃을 위해 헌신적인 삶을 살았습니다.

그러나 마릴린 몬로는 오직 세상의 부귀, 영화, 인기를 목적삼아 전력을 다해 살았습니다. 어느 날 몬로는 타우센드를 만나 말하기를 "나는 세상의 인기와 재물과 명예와 모든 것을 획득했으나 지금의 나는 이 세상에서 가장 비참하고 불행한 사람이야" 라고 고백한 후 어느 날 밤 자살한 시체로 발견되었던 것입니다.

말씀 속으로

1. 모든 만물은 목적이 있어 존재합니다.

하나님께서는 모든 만물을 목적 있게 만드셨습니다. 해, 달, 별들도 목적이 있습니다. 꽃과 풀과 나무도 목적이 있어 만드셨습니다. 사람이 집을 짓는 것은 거주의 목적이 있어 지으며 자동차를 만드는 것은 수송의 목적이 있어 만듭니다. 비행기도 배도 다 목적이 있어 만들었습니다. 하다못해 볼펜이나 손톱 깎기도 목적이 있어 만든 것입니다. 목적이 없는 것은 존재 가치가 없습니다. 목적이 없는 것은 사명이 끝난 것들입니다. 이것이 곧 쓰레기입니다. 쓰레기는 목적이 끝난 것이고 사명이 끝난 것입니다. 전구가 불을 밝히지 못하면 전구로서의 목적이 끝난 것이며 볼펜을 다 쓰게 되면 목적이 끝나므로 버려지게 됩니다.

성경읽기/ 창세기 1:15을 읽고 광명체들의 목적이 무엇인지 말해봅시다.

2. 사람을 만드신 목적이 있습니다.

사람은 하나님의 창조물 중에 맨 마지막에 만드셨습니다. 그리고 사람에게 사명을 맡기셨습니다. 그 사명은 첫째 생육하고 번성하는 것입니다. 하나님은 사람에게 복을 주시며 생육하고 번성하여 땅에 충만하라고 하였습니다.(창 1:28) '생육하고 번성하라' 고 하신 것은 생명의 존엄성을 가진 존재로써 그 생명을 보존하고 번성케 하여 이 땅에 가득하라는 것입니다. 그러므로 생육과 번성은 하나님의 축복이면서 동시에 사람에게 주어진 사명이며 사람을 지으신 목적입니다. 둘째는 땅을 정복하는 것입니다. 그리고 땅위에 있는 모든 짐승과 바다의 물고기와 공중의 새들을 다스리는 것입니다. 하나님은 하나님이 만드신 피조물들을 사람으로 하여금 다스리고 관리하도록 사명을 주셨습니다. 하나님이 주신 나라, 하나님이 주신 자연, 하나님이 주신 생물을 잘 다스리는 것이 인간에게 주신 사명이요 목적입니다. 그러나 인간들의 타락으로 인해서 자연 속에 잡초나 독초가 생기고 짐승들도 사나워지고 자연도 오염이 되어 인간들에게 되갚음을 해주고 있습니다. 바울은 "피조물이 다 이제까지 함께 탄식하며 함께 고통한다."(롬8:22) 고 했습니다. 인간은 하나님이 맡겨주신 자연만물을 잘 관리하고 다스려서 하나님의 창조의 목적을 회복시켜야 합니다.

성경읽기/ 창세기 1:29에서 하나님은 사람에게 무엇을 주셨는지 말해봅시다.

3. 사람은 하나님의 영광을 위하여 살아야 합니다.

인간의 최대의 목적은 하나님을 영화롭게 해드리는 것입니다. 웨스트민스터 소요리문답 첫 번째 질문에 "인간의 최고 목적은 무엇입니까?" 라고 나옵니다. 이 질문에 대한 답은 "인간의 최고 목적은 하나님을 영화롭게 하고 영원토록 하나님을 즐거워하는 것입니다." 입니다. 인간의 존재목적은 하나님께 영광을 돌리는 것입니다

바울사도는 '너희가 먹든지 마시든지 무엇을 하든지 다 하나님의 영광을 위하여 하라' (고전10:31)고 하였습니다. 그러므로 우리는 하나님의 영광을 드러내는 일에 힘써야 합니다. 하나님을 어떻게 영광스럽게 해드릴 수 있는가를 찾아야 합니다. 하나님은 예배를 통하여 영광을 받으십니다. 시편 50:23에 "감사로 제사를 드리는 자가 나를 영화롭게 한다." 고 하였습니다. 또한 하나님은 과실을 많이 맺으면 영광을 받으신다고 하였습니다.(요15:8) 그러므로 그리스도인들은 선한 열매, 전도의 열매를 많이 맺어야 합니다.

성경읽기/ 전도서 12:13을 읽고 인간의 본분이 무엇이라고 하였는지 말해봅시다.

나가는 말

사람을 창조하신 목적은 생육하고 번성하여 땅에 충만하여 하나님의 영광

을 드러내도록 하기 위함입니다. 그리고 하나님이 만드신 자연만물을 잘 다스리고 관리하도록 함이었습니다. 그러나 인간은 타락하여 하나님의 영광을 드러내지 못하였고 하나님이 맡겨주신 자연만물도 잘 관리하지 못하였습니다. 이제 우리 그리스도인들은 먹든지 마시든지 무엇을 하든지 하나님을 영화롭게 하고 하나님을 기쁘시게 하는 일을 해야 합니다. 잠시 후에 예수님이 오시면 사명을 감당하지 못하고 목적에서 이탈된 것을 심판하시고 잃었던 에덴을 회복하시게 됩니다.

나눔의 시간

1. 오늘 말씀을 통하여 느낀 점을 말해봅시다.
2. 나는 나를 만드신 분의 목적을 따라 살고 있는지 말해봅시다.

적용하기

오늘 말씀을 생활에 어떻게 적용할까 말해봅시다.

결단 및 합심기도

1. 목적 따라 살지 못하고 사명을 감당치 못한 것을 회개하며 목적 따라 살 것을 다짐하며 기도합시다.
2. 우리 구역부흥과 전도 대상자를 위하여 기도합시다.

감사 및 알림

헌금 및 기도, 교회소식, 구역소식, 다음모임, 주기도.

제47과 돌아갈 인생

- 본문/ 창세기 3:19, 49:29, 33
- 인사/ 반갑습니다. 사랑합니다. 주님의 이름으로 축복합니다.
- 찬송/ 301, 338장
- 신앙고백 (기도)

말씀읽기

19 네가 흙으로 돌아갈 때까지 얼굴에 땀을 흘려야 먹을 것을 먹으리니 네가 그것에서 취함을 입었음이라 너는 흙이니 흙으로 돌아갈 것이니라 하시니라 창49:29 그가 그들에게 명하여 이르되 내가 내 조상들에게로 돌아가리니 나를 헷 사람 에브론의 밭에 있는 굴에 우리 선조와 함께 장사하라 33 야곱이 아들에게 명하기를 마치고 그 발을 침상에 모으고 숨을 거두니 그의 백성에게로 돌아갔더라

생각하기/ 흘러만 가는 세월

용혜원 시인(목사)의 "흘러만 가는 세월" 이라는 시가 있습니다.

"세월이 지나고 나면 잠시 스쳐 지나온 것만 같은데, 너무 빨리 지나쳐버려 아쉬움만 남는다. 어떤 시절엔 붙잡아 매놓은 듯 그리도 가지 않던 시간들이, 나이가 들어가면 남는 것은 그리움뿐, 시간을 도둑맞은 듯 달아난다. 가끔은 잠시 멈추어 준다면 더 행복할 수 있을 것만 같은데, 사랑에 빠져있는 동안은 시간이 더 빠르게 흐른다. 매달리듯 애원하며 멈추어놓고 싶어도 떠나가는 시간은 흘러만 가는데, 꼭 잡아두고 싶었던 것들도 모두 다 놓아주고 싶어진다. 흘러가는 세월은 멈출 수가 없도다."

이 시를 보면, 어쩜 그렇게 우리의 인생을 잘 표현하고 있는지 모릅니다. 매달리듯 애원하며 멈추어 놓고 싶어도 시간은 그냥 흘러갑니다. 잠시 스쳐 지나온 것만 같은데 세월은 빠르게 지나갑니다.

말씀 속으로

1. 인생은 나그네입니다.

인생은 어딘가를 향해 가고 있습니다. 밤에도 낮에도 쉬지 않고 가고 있습니다. 사람들은 세월이라는 기차를 타고 시간이라는 정거장들을 슬쩍 스치면서 계속 가고 있습니다. 모세는 세월의 빠름에 대하여 말하기를 "우리의 연수가 칠십이요 강건하면 팔십이라도 그 연수의 자랑은 수고와 슬픔 뿐이요 신속히 가니 우리가 날아가나이다."(시90:10)고 하였습니다. 인생을 어디로 가고 있으며 우리의 고향은 어디인가? 많은 사람들이 어디로 가는지도 모르고 가다가 인생의 종착역에 도달해서야 깨닫는 자들이 있습니다. 인생의 가는 길에는 두 길이 있는데 천국 길과 지옥 길입니다. 믿는 사람은 천국이 고향이요. 천국길을 가고 있고 믿지 않는 사람은 지옥이 고향이니 지옥 길로 가고 있습니다. 인생은 모두 영원한 고향을 향해 길을 가고 있는 나그네들 입니다.

성경읽기/ 창세기 47:9을 읽고 야곱은 나그네 세월을 몇 년간 살았다고 했는지 말해 봅시다.

2. 인생은 돌아가야 합니다.

돌아간다는 말은 왔던 곳으로 간다는 뜻입니다. 우리 인생은 왔던 곳으로 돌아가야 할 인생입니다. 왔던 곳은 어디인가? 인생은 하나님이 흙을 빚어 사람을 만드시고 코에 하나님의 생기를 불어넣어 생령, 산영이 된 것입니다. 그러므로 인생은 결국 둘로 분리되는데 영혼과 육체입니다. 영혼은 하나님의 생기요 육체는 흙입니다. 인생이 죽게 되면 영혼은 하나님께로 가고 육체는 흙으로 갑니다.

야곱은 자녀들을 모아놓고 마지막 유언을 남긴 후 나는 이제 열조에게로 돌아가리라 한 후 돌아갔다고 했습니다.(창49:33)

과거에는 장례를 치를 때 매장을 하였습니다. 흙에 묻었습니다. 요즘은 장례문화가 화장장으로 많이 바뀌고 있습니다. 화장을 하든지 매장을 하든지 육체는 모두 흙으로 가는 것입니다. 하나님은 "너는 흙이니 흙으로 돌아가라" 고 하셨습니다.(창3:19)

성경읽기/ 전도서 3:20-21을 읽고 다 흙으로 가는데 인생의 혼과 짐승의 혼은 각각 어디로 간다고 하였는지 말해봅시다.

3. 죽음은 끝이 아닙니다.

불신자들은 죽음을 끝이라고 생각합니다. 그러나 성경은 죽음이 끝이 아니라는 사실을 곳곳에서 밝혀주고 있습니다. 예수님께서는 누가복음 16장에서 부자와 나사로의 죽음에 대하여 말씀하시면서 부자는 죽어 불타는 못으로 갔고 나사로는 아브라함의 품에 안겼다고 하셨습니다.(눅16:19-23) 인간은 불멸의 존재로 창조되었습니다.

한 목사님이 중한 병에 걸려 중환자실에 들어갔습니다. 가족은 물론 아무도 면회가 되지 않았습니다. 그런데 마침 어릴 때 친구인 불신자 노인이 찾아와서 마지막이 될지 모르니 꼭 좀 면회를 하게 해 달라고 사정하고 있었습니다. 그러자 목사님이 간호원을 불러 말합니다. "딴 사람이야 천국에서도 만날 수가 있지만 그 친구는 예수를 믿지 않기에 천국에도 못 올 것이니 땅에서나마 만나게 해 주시오" 하더랍니다. 죽음이란 영원세계로 들어가는 하나의 관문입니다.

성경읽기/ 히브리서 9:27을 읽고 죽은 다음에 어떻게 된다고 하였는지 말해봅시다.

나가는 말

인생의 삶은 나그네입니다. 이 나그네 길은 신속히 지나갑니다.

* 한 백발의 노인이 젊은이들에게 시간의 흐름을 가르치기를
* 내가 울고 있던 어린 시절에 기어가는 것처럼 천천히 지나갔다.
* 내가 꿈을 꾸던 청년시절에는 빠른 걸음처럼 지나갔다.
* 내가 완전히 성인이 되었을 때에는 뛰어가는 것처럼 지나갔다.
* 내가 장년이 되었을 땐 구름처럼 날아갔다.
* 내 머리가 백발이 된 지금엔, 이미 다 지나가 버렸다" 고 했습니다.

우리는 주인이 오라 부르면 그때 다 놓고 가야할 인생입니다. 그러므로 우리는 항상 고향 갈 준비를 하며 살아야 합니다.

나눔의 시간

1. 오늘 말씀을 통하여 느낀 점을 말해봅시다.
2. 나는 주인이 오라고 부르면 돌아갈 준비가 되었는지 나눠봅시다.

적용하기

오늘 말씀을 생활에 어떻게 적용할까 말해봅시다.

결단 및 합심기도

1. 나그네 인생길, 고향 갈 준비하며 살 것을 다짐하며 기도합시다.
2. 우리 구역부흥과 전도 대상자를 위하여 기도합시다.

감사 및 알림

헌금 및 기도, 교회소식, 구역소식, 다음모임, 주기도.

제48과 인생결산과 영원세계

- 본문/ 마태복음 25:31-35, 41
- 인사/ 반갑습니다. 사랑합니다. 주님의 이름으로 축복합니다.
- 찬송/ 308, 438장
- 신앙고백 (기도)

말씀읽기

31 인자가 자기 영광으로 모든 천사와 함께 올 때에 자기 영광의 보좌에 앉으리니 32 모든 민
족을 그 앞에 모으고 각각 구분하기를 목자가 양과 염소를 구분하는 것 같이 하여 33 양은 그
오른편에 염소는 왼편에 두리라 34 그 때에 임금이 그 오른편에 있는 자들에게 이르시되 내 아
버지께 복 받을 자들이여 나아와 창세로부터 너희를 위하여 예비된 나라를 상속받으라 35 내
가 주릴 때에 너희가 먹을 것을 주었고 목마를 때에 마시게 하였고 나그네 되었을 때에 영접하
였고 41 또 왼편에 있는 자들에게 이르시되 저주를 받은 자들아 나를 떠나 마귀와 그 사자들을
위하여 예비된 영원한 불에 들어가라

생각하기/ 아버지의 묘비명(碑銘)

어떤 부자가 숨을 거두자 그의 아들은 아버지의 묘비석(碑石)에 글을 쓰려고 한 시인을 찾아갔습니다. 그 시인은 아들에게 아버지가 어떤 인생을 살았는지 물었습니다. "저의 아버지는 조용히 편안하게 사시다가 편안하게 돌아가셨습니다." 라고 대답했다. 시인은 그에게 사흘 후에 오라고 했습니다. 사흘 후에 갔더니... 그 때 내어준 비명(碑銘)은 너무 간단했다. 그것은 "태어나다, 먹다, 죽다" 였습니다.

돈 있다고 아무 일하지 않고 평안히 살아서는 안됩니다. 하나님이 우리에게 부요를 주신 것은 아무 일하지 않고 놀면서 평안히 살라고 주신 것이 아닙니다. 일하라고 주신 것입니다.

말씀 속으로

1. 인생은 한번 죽습니다.

아담의 후손인 인생에게 죽음은 정해진 것입니다. 성경은 "한사람으로 말미암아 죄가 세상에 들어오고 죄로 말미암아 사망이 왔다"(롬5:12)고 하였습니다. 히브리서 기자는 한번 죽는 것은 사람에게 정해진 것이요 그 후에는 심판이 있으리니(히9:27)라고 하였습니다. 죽음을 피할 자는 아무도 없습니다. 중국의 진나라 시황제는 불사약을 구해오라고 동남동녀 500명을 영주 삼신산으로 보내었다고 합니다. 한 부제는 승로반을 만들어 하늘에서 내려오는 감로를 받아먹고 신선이 되려고 했습니다. 불사약을 구해오라, 불노초를 구해오라고 했지만 아무도 구하지 못했습니다. 그런 약이나 식물은 없습니다. 인생은 한번 죽지만 죽음 후에 다시 살아날 날이 있습니다. 이것을 부활이라 합니다. 부활에는 두 종류의 부활이 있습니다. 생명의 부활과 심판의 부활입니다.

성경읽기/ 요한복음 5:30을 읽고 어떤 자가 생명의 부활을 얻고 어떤 자가 심판의 부활로 나오는지 말해봅시다.

2. 인생에게 결산이 있습니다.

결산이란 상업이나 사업가들이 한달 또는 1년 동안 얼마를 들여서 어떻게 일해서 얼마를 남겼는가? 대차대조표를 만들어 확인하는 것입니다. 우리 인생에게도 결산이 있습니다.

예수님께서는 마태복음 25장에서 결산에 대하여 말씀하시기를 "오랜 후에 그 종들의 주인이 돌아와 그들과 결산 할새 다섯 달란트 받았던 자는 다섯 달란트를 더 가지고 와서 이르되 주인이여 내게 다섯 달란트를 주셨는데 보소서 내가 또 다섯 달란트를 남겼나이다."(25:19-20) 고 보고할 때 이익을 남긴 자에게는 칭찬과 상급이 주어지고 이익을 남기지 않는 자에게는 책망과 형벌이 주어지는 것을 보여주셨습니다. 하나님께서는 각 사람에게 합당한 재능과 건강과 물질과 시간을 주셨습니다. 이는 우리로 하여금 이것들을 가지고 하나님을 섬기며 교회를 섬기며 이웃을 섬길 수 있는 기회를 주신 것입니다. 그러므로 우리는 내게 있는 시간이나 물질이나 재능이나 은사를 주님나라와 선한 일을 위하여 잘 활용하여야 합니다.

성경읽기/ 마태복음 25:35을 읽고 어떤 자가 주님의 예비된 나라를 상속받는지 말해봅시다.

3. 영원 세계가 있습니다.

영원세계는 천국과 지옥입니다. 천국은 영생의 나라요 지옥은 영벌의 나라입니다. 인생은 누구나가 이 둘 중 한 곳으로 가게 됩니다. 성경은 천국과 지옥의 모습을 생생하게 보여줍니다. 사도요한은 천국을 보고 천국의 아름다움에 대하여 계시록에서 보여주기를 "또 내가 보매 거룩한 성 새 예루살렘이 하나님께로부터 하늘에서 내려오니 그 준비한 것이 신부가 남편을 위하여 단장한 것 같더라 내가 들으니 보좌에서 큰 음성이 나서 이르되 보라 하나님의 장막이 사람들과 함께 있으매 하나님이 그들과 함께 계시리니 그들은 하나님의 백성이 되고 하나님은 친히 그들과 함께 계셔서 모든 눈물을 그 눈에서 닦아 주시니 다시는 사망이 없고 애통하는 것이나 곡하는 것이나 아픈 것이 다시 있지 아니하리니 처음 것들이 다 지나갔음 이러라."(계21:2-5) 고 하였습니다.

성경읽기/ 계시록 22:5을 읽고 왜 천국은 밤이나 햇빛이 쓸데 없는지 말해봅시다.

나가는 말

야고보 선생은 우리 인생을 잠깐 보이다가 없어지는 안개와 같다고 하였고

(약4:14) 베드로 사도는 인생의 육체는 풀과 같고 인생의 영광은 풀의 꽃과 같다고 하였습니다.(벧전1:24) 이는 인생의 삶은 잠깐이란 의미입니다. 이 세상의 삶은 잠깐입니다. 그러나 영원세계가 있습니다. 이 세상의 삶은 그 영원세계를 준비하는 하나의 과정입니다. 영원세계는 이 땅에서 어떻게 준비하였느냐에 따라 준비된 대로 가게 됩니다. 인생의 결산이 있음을 알고 영원세계를 준비하며 살아가도록 힘씁시다.

나눔의 시간

1. 오늘 말씀을 통하여 느낀 점을 말해봅시다.
2. 나는 어떻게 영원세계를 준비하며 살고 있는지 나눠봅시다.

적용하기

오늘 말씀을 생활에 어떻게 적용할까 말해봅시다.

결단 및 합심기도

1. 나에게 주어진 건강, 물질, 시간, 재능 등을 가지고 주님나라를 위하여 사용하므로 영원세계를 준비하며 살 것을 기도합시다.
2. 우리 구역부흥과 전도 대상자를 위하여 기도합시다.

감사 및 알림

헌금 및 기도, 교회소식, 구역소식, 다음모임, 주기도.

제49과 성경대로- 부활절

- 본문/ 고린도전서 15:3-8
- 인사/ 반갑습니다. 사랑합니다. 주님의 이름으로 축복합니다.
- 찬송/ 167, 161장
- 신앙고백 (기도)

말씀읽기

3 내가 받은 것을 먼저 너희에게 전하였노니 이는 성경대로 그리스도께서 우리 죄를 위하여 죽
으시고 4 장사 지낸 바 되셨다가 성경대로 사흘 만에 다시 살아나사 5 게바에게 보이시고 후에
열두 제자에게와 6 그 후에 오백여 형제에게 일시에 보이셨나니 그 중에 지금까지 대다수는 살
아 있고 어떤 사람은 잠들었으며 7 그 후에 야고보에게 보이셨으며 그 후에 모든 사도에게와 8
맨 나중에 만삭되지 못하여 난 자 같은 내게도 보이셨느니라

생각하기/ 메뚜기와 하루살이

메뚜기와 하루살이가 하루 종일 논에서 재미있게 놀았습니다. 날이 저물자 메뚜기는 하루살이에게 이렇게 말했습니다. "얘, 이젠 저녁이 다 되었어. 오늘은 그만 놀고 내일 또 놀자" 이 말을 들은 하루살이는 "메뚜기야, 내일이 뭐니? 어떻게 내일 또 놀자고 하니?" 메뚜기는 이 밤이 지나면 내일이 온다고 일러주었지만 하루살이는 내일을 이해하지 못했습니다. 그 후 메뚜기는 개구리와 온 여름을 함께 놀았습니다. 가을이 오자 개구리가 메뚜기에게 이렇게 말했다. "메뚝아, 내년에 만나 다시 놀자." 메뚜기는 내년이 뭐냐고 개구리에게 물었습니다. 개구리는 겨울잠을 자고나면 다시 따뜻한 봄이 오는데 그 때가 내년이라고 일러주었습니다. 우리 인생에게는 영원세계가 있습니다.

말씀 속으로

1. 예수님은 성경대로 죽으셨습니다.

예수님이 이 땅에 오신 것은 인류의 죄를 대신 지고 죽기 위하여 오셨습니다. 예수님이 유대의 대제사장들과 장로들이나 로마의 군병들에 의해서 죽으신 것은 성경에 이미 기록된 대로 된 것입니다. 이사야는 예수님이 오시기 700여년전에 예수님이 고난당하시고 죽으실 것을 생생하게 기록을 했습니다. "그가 찔림은 우리의 허물을 인함이요 그가 상함은 우리의 죄악을 인함이라 그가 징계를 받음으로 우리가 평화를 누리고 그가 채찍에 맞음으로 우리가 나음을 입었도다. 우리는 다 양 같아서 그릇 행하여 각기 제 길로 갔거늘 여호와께서는 우리 무리의 죄악을 그에게 담당시키셨도다... 그는 강포를 행치 아니하였고 그 입에 궤사가 없었으나 그 무덤이 악인과 함께 되었으며 그 묘실이 부자와 함께 되었도다." (사53:5-9)

예수님께서는 자신이 고난 받고 죽으실 것을 세 번이나 말씀하셨습니다.(마16:21) 예수님의 죽으심은 성경대로 된 것입니다

성경읽기/ 마태복음 16:21을 읽고 예수님께서 누구에게 고난 받고 죽으실 것을 제자들에게 가르치셨는지 말해봅시다.

2. 예수님은 성경대로 살아나셨습니다.

예수님의 부활은 성경대로 된 것입니다. 성경에는 예수님이 죽으시고 다시 살아나실 것에 대하여 곳곳에서 말씀해 주셨습니다. 예수님께서도 제자들에게 세 번이나 죽으실 것과 다시 사실 것을 말씀하셨습니다.(눅9:22) "갈릴리에 모일 때에 예수께서 제자들에게 이르시되 인자가 장차 사람들의 손에 넘겨져 죽임을 당하고 제삼일에 살아나리라 하시니 제자들이 심히 근심하더라." (마17:22-23)

사람들 중에는 예수님의 부활을 믿지 않거나 부인하는 자들도 있습니다. 사람이 죽었다가 다시 살아난다는 것은 인간의 이성으로나 과학적으로 설명할 수 없기 때문입니다. 그러나 사람들이 아무리 부활을 믿지 않고 부인한다 하더라도 부활은 사실이기에 부인되어질 수 없습니다. 이는 부활을 목격한 증인들이 많이 있기 때문입니다. 예수님은 가룟 유다를 제외한 열한 명의 제자들과 막달라 마리아 등 많은 여인들과 예수님을 대적했던 바울과 500여 명의 사람들에게 나타내 보이셨습니다. 예수님은 인류의 죄를 대신지고 죽으셨다가 삼일 만에 살아나셨습니다.

성경읽기/ 마태복음 28:5-6을 읽고 누가 예수님의 살아나심을 여인들에게 알려줬는지 말해봅시다.

3. 인류역사는 성경대로 됩니다.

성경은 하나님의 말씀입니다. 성경에는 인류 역사의 미래가 계시되어 있습니다. 역사의 주인공은 예수님이십니다. 역사는 예수님을 중심으로 시작되고 진행되고 끝나게 됩니다. 영어의 역사, 히스토리(History)는 히즈(his) 와 스토리(Story)의 합성어로 그의 이야기란 뜻입니다. 그의 이야기는 예수님의 이야기를 말합니다. 서양사에서는 예수 그리스도를 빼면 빈껍데기만 남습니다. 지금까지의 모든 역사는 다니엘서에서 이미 계시된 대로 성경대로 진행되어 왔습니다. 지금 오늘의 역사도 성경대로 진행되고 있으며 남은 역사도 성경대로 이루어지게 됩니다. 성경대로 앞으로 지구에 대환란이 있을 것이고 적그리스도가 나타날 것이고 예수님이 재림하심으로 역사의 막을 내릴 것입니다. 그러므로 우리는 성경말씀을 굳게 믿고 성경말씀 따라 살아야 최후 승리자가 될 수 있습니다.

성경읽기/ 마태복음 24:35을 읽고 예수님께서 뭐라고 하셨는지 말해봅시다.

나가는 말

예수님은 성경대로 오셔서 성경대로 사시고 성경대로 죽으시고 성경대로 부활하셨습니다. 그리고 다시 하늘로 올라가셨으며 이제 성경대로 다시 오시게 됩니다. 예수님이 역사의 주인공이십니다. 그러므로 그리스도인들은 이제 다시 오실 주님을 소망하며 주님의 부활을 증거하며 말씀 따라 살므로 그날이 최후 승리얻는 자들이 되어야 합니다.

나눔의 시간

1. 오늘 말씀을 통하여 느낀 점을 말해봅시다.
2. 예수님의 부활을 무엇으로 확신할 수 있는지 말해봅시다.

적용하기

오늘 말씀을 생활에 어떻게 적용할까 말해봅시다.

결단 및 합심기도

1. 예수님의 부활하심과 다시 오실 것을 담대히 전할 것을 다짐하며 기도합시다.
2. 우리 구역부흥과 전도 대상자를 위하여 기도합시다.

감사 및 알림

헌금 및 기도, 교회소식, 구역소식, 다음모임, 주기도.

제50과 맥추절의 의미- 맥추절

- 본문/ 출애굽기 23:16-19
- 인사/ 반갑습니다. 사랑합니다. 주님의 이름으로 축복합니다.
- 찬송/ 588, 591장
- 신앙고백 (기도)

말씀읽기

16 맥추절을 지키라 이는 네가 수고하여 밭에 뿌린 것의 첫 열매를 거둠이니라 수장절을 지키라 이는 네가 수고하여 이룬 것을 연종에 밭에서부터 거두어 저장함이니라 17 너의 모든 남자는 매년 세번씩 주 여호와께 보일찌니라 18 너는 내 희생의 피를 유교병과 함께 드리지 말며 내 절기 희생의 기름을 아침까지 남겨 두지 말찌니라 19 너의 토지에서 처음 익은 열매의 첫것을 가져다가 너의 하나님 여호와의 전에 드릴찌니라

생각하기/ 소원바구니, 감사바구니

하나님께서는 두 천사를 땅으로 보내시면서 사람들의 기도를 모아 오라고 하셨습니다. 한 천사에게는 바구니에 소원을 담아 오도록 하셨고 한 천사에게는 감사를 담아 오도록 하였습니다. 바구니가 가득차면 오라고 내려 보냈는데 며칠 안되어 소원을 바구니에 담은 천사가 소원을 가득 담아서 하나님께 가져왔습니다. 그 천사의 바구니는 무수히 많은 사람들의 소원으로 철철 넘치고 있었습니다. 그러나 다른 천사는 아직까지도 하나님 앞에 올라가지 못하고 있답니다. 감사의 바구니가 차지 않아서입니다. 그 천사는 오늘도 감사의 기도를 담으러 온 세상을 돌아다니는데 아무리 열심히 찾아 다녔어도 지구상에서 감사의 기도는 좀처럼 찾기 힘든 모양입니다.

말씀 속으로

1. 맥추절은 첫 열매를 드리는 절기입니다.

이스라엘 민족이 애굽에서 나와 약속의 땅 가나안에 정착하여 첫 농사한 곡식을 하나님께 드리는 절기가 맥추감사절의 유래입니다. 여름에 밭곡식은 주로 보리였기에 보리 맥 자를 따서 맥추절이라 부릅니다. 절기는 축제의 날이요, 기쁨의 날이며, 잔치의 날입니다. 절기 때가 되면 이스라엘의 모든 남자들은 성전에 올라와 순례하며 감사 제사를 드리며 하나님께 영광을 돌립니다. 유월절은 애굽의 속박에서 해방됨을 기념하는 절기요, 맥추절은 그 해에 농사한 햇곡식을 추수하여 처음 익은 열매를 드리는 절기며, 장막절은 그 해의 모든 추수를 마치고 광야에 나아가 장막을 치고 7일을 유하며 하나님의 은혜를 기억하며 감사드리는 절기입니다. 맥추절은 처음 것을 하나님께 드리는 절기입니다. 처음 것은 하나님의 것입니다. 처음 것, 제일 좋은 것을 하나님께 드리는 것이 바로 맥추절의 정신이요. 하나님 제일주의 신앙을 고백하는 것입니다.

성경읽기/ 출애굽기 23:19을 읽고 어떤 것을 하나님께 드리라고 했는지 말해봅시다.

2. 첫 것 좋은 것을 드려야 합니다.

하나님께서는 첫 것은 모두 하나님의 것으로 구별했습니다. 이는 하나님께서 애굽에서 처음 것들을 다 죽이실 때 이스라엘은 살리셨기 때문입니다. 그러므로 이스라엘 백성들은 사람이나 짐승이나 첫 것을 하나님께 드렸습니다. 희생제물을 드릴 때도 양의 첫 새끼를 제물로 드렸습니다. 하나님은 첫 것을 구별하여 드리는 자에게 놀라운 축복을 약속하셨습니다. “네 재물과 네 소산물의 처음 익은 열매로 여호와를 공경하라 그리하면 네 창고가 가득히 차고 네 즙틀에 새 포도즙이 넘치리라”(잠3:9-10) 하나님께 드리는 것은 첫 것 좋은 것으로 드려야 합니다. 하루의 첫 시간을 드리고 일주일의 첫날을 드리고 물질도 수입의 첫 것을 하나님께 구별하여 드리고 수입 중에 십일조를 먼저 떼어서 구별했다가 드려야 합니다. 하나님은 쓰고 남은 것 드리는 것을 기뻐하시지 않습니다. 먼저 구별하여 드리는 것을 기뻐하십니다.

성경읽기/ 창세기 4:4을 읽고 아벨이 무엇으로 하나님께 제물을 드렸는지 말해봅시다.

3. 은혜를 감사함으로 절기를 지켜야 합니다.

절기를 지키는 것은 하나님의 명령입니다. 이스라엘은 애굽에서 430년을 종살이 하면서 압박과 고난의 삶을 살다가 출애굽 했습니다. 광야에서 40년을 살았습니다. 40년 만에 가나안에 들어가서 거기서 농사를 짓고 첫 열매를 거두었습니다. 얼마나 소중한 결실입니까. 과거를 생각하면 꿈같은 삶입니다. 그래서 하나님은 첫 수확을 거두고 감사하라고 하십니다. 이는 "과거를 잊지 말고 하나님의 은혜를 기억하라"는 말입니다.

감사하는 사람에게 하나님은 감사할 수 있는 일이 생기도록 하십니다. 내게 있는 모든 것, 내가 누리고 있는 모든 것이 하나님이 주인이요 하나님께 받은 것입니다. 가정도, 자녀도, 부모도, 남편도, 아내도 모두 하나님이 주셨고 직장도 사업장도 건강도 모두 하나님이 주신 것입니다. 사람은 모두 세상에 태어날 때 빈 손들고 태어났습니다. 현재 있는 모든 것은 하나님이 주신 것입니다. 그러므로 우리는 그 은혜를 잊지 말고 하나님께 감사하여야 합니다.

성경읽기/ 신명기 16:15에서 절기를 지킬 때 왜 즐거워하라고 하였는지 말해봅시다.

나가는 말

절기는 하나님의 은혜를 기억하는 날입니다. 하나님께서 사람으로 하여금 하나님의 은혜를 감사할 수 있는 기회를 주신 것이 감사절입니다. 그러므로 절기 때는 기쁨과 감사함으로 정성껏 예물을 준비하여 하나님께 드려야 합니다. 시편 100:4에는 시인은 "감사함으로 그문에 들어가서 그에게 감사하며 그 이름을 찬양하라"고 하였습니다. 참된 그리스도인들에게는 감사절이 기다려지는 절기가 되어야 합니다. 하나님의 그 크신 사랑과 은혜를 조금이나마 보답하며 감사 할 수 있는 기회를 주신 것을 감사하며 절기를 지켜야 합니다.

나눔의 시간

1. 오늘 말씀을 통하여 느낀 점을 말해봅시다.
2. 나는 어떤 마음으로 감사절을 지키는지 나눠봅시다.

적용하기

오늘 말씀을 생활에 어떻게 적용할까 말해봅시다.

결단 및 합심기도

1. 첫 것, 좋은 것을 하나님께 드릴 것을 다짐하며 기도합시다.
2. 우리 구역부흥과 전도 대상자를 위하여 기도합시다.

감사 및 알림

헌금 및 기도, 교회소식, 구역소식, 다음모임, 주기도.

제51과 초막절을 지키라- 추수절

- 본문/ 신명기 16:13-15,17
- 인사/ 반갑습니다. 사랑합니다. 주님의 이름으로 축복합니다.
- 찬송/ 589, 587장
- 신앙고백 (기도)

말씀읽기

13 너희 타작마당과 포도주 틀의 소출을 거두어들인 후에 이레 동안 초막절을 지킬 것이요 14
절기를 지킬 때에는 너와 네 자녀와 노비와 네 성중에 거주하는 레위인과 객과 고아와 과부가
함께 즐거워하되 15 네 하나님 여호와께서 택하신 곳에서 너는 이레 동안 네 하나님 여호와 앞
에서 절기를 지키고 네 하나님 여호와께서 네 모든 소출과 네 손으로 행한 모든 일에 복 주실
것이니 너는 온전히 즐거워할지니라 17 각 사람이 네 하나님 여호와께서 주신 복을 따라 그 힘
대로 드릴지니라

생각하기/ 3대 독자죽음 감사

우리나라에 복음이 처음 들어오고 미국의 선교사들에 의하여 교회가 세워지고 있을 때 어느 교회 교인 가정에서 3대 독자가 죽었습니다. 한 집사님이 슬픔에 잠겨 있는 부모와 친척들 앞에서 "하나님 감사합니다."라고 큰 소리로 기도를 하였습니다. 그러자 아이의 부모가 어이가 없다는 듯이 "3대 독자가 죽어서 가슴을 치고 슬퍼하는데 당신은 감사하다니요?"라고 화를 냈습니다. 이 때 집사님은 이렇게 말을 하였습니다. 오늘 이 집이 감사할 이유는? 1) 이 죽은 아이가 예수 믿고 천당에 갔으니 감사할 일이요. 2) 자라나서 죄를 많이 짓지 않고 죽었으니 감사할 일이요. 3) 불쌍하게 살다가 죽는 사람도 많은데 부잣집에 태어나서 호강하며 살다 죽었으니 감사할 일이라고 하니 부모가 위로를 받았답니다.

말씀 속으로

1. 초막절의 의미

초막절은 이스라엘 백성들이 출애굽 후 40년 동안 초막에서 살며 광야생활 할 때 하나님께서 인도해 주심을 회상하며 지키는 감사절입니다. 또한 초막절은 농사를 짓고 추수를 한 후 지키는 절기입니다. 초막절을 수장절이라고도 합니다. 추수절과 같은 의미입니다. 초막절을 지키는 것은 하나님의 은혜로 살아왔으며 축복의 근원이 하나님께 있음을 고백하는 것입니다. 농사일은 인간의 노력과 힘으로만 되는 것이 아닙니다. 사업이나 직장생활, 장사 등 모든 것이 자신의 힘으로만 되는 것이 아닙니다. 하나님이 도우셔야만 됩니다. 농사는 비가 오지 않으면 지을 수가 없습니다. 비가 많이 와도 안됩니다. 풍년은 계절이 만든 것이지 사람이 만들지는 못한다고 했습니다. 우리는 농경사회든 산업사회든 하나님의 은혜가 없이는 살수 없는 존재입니다. 우리는 농사를 안지을지라도 1년 동안 주신 은혜에 감사해야 합니다.

성경읽기/ 레위기 23:43을 읽고 왜 초막에 거주하라고 하였는지 말해봅시다.

2. 복 주심을 감사해야 합니다.

우리나라는 축복받은 나라입니다. 세계적으로 잘사는 나라에 속합니다. 경제적으로는 10위권 이지만 먹고사는 것으로는 세계 1,2위권 입니다. 경제적으론 일본보다 훨씬 뒤졌지만 먹고사는 것은 일본보다 훨씬 잘 먹고 잘살고 있습니다. 통계에 의하면 현재 우리는 먹고 남아 버리는 음식쓰레기가 연간 8조 원이나 된다고 합니다. 생활쓰레기의 31%가 음식쓰레기라고 합니다. 음식점마다 먹고 남은 음식물이 넘칩니다. 뷔페 집에서 먹고 남은 음식물은 계산할 수 없을 정도입니다. 북한 땅에서는 옥수수 가루에 풀을 넣어 죽을 쑤어서 그것을 가지고 연명을 한다는데 우리는 먹고 남아서 멀쩡한 음식을 버리고 있습니다.

그리스도인들은 음식을 버리지 않도록 주의해야 합니다.

하나님이 주신 것을 감사하고 버리는 것은 옳지 않습니다. 성경 어디에도 먹고 남은 것은 버리라고 한 적이 없습니다. 주님은 남은 것을 거두라고 했습니다.

성경읽기/ 마태복음 14:20을 읽고 배불리 먹고 남은 것을 어떻게 하였는지 말해봅시다.

3. 추수를 생각해야 합니다.

추수절은 알곡과 쭉정이를 가르는 절기입니다. 추수에 가장 중요한 의미는 심판입니다. 그리스도인들은 추수 때에 나는 어떤 열매를 맺었는가를 생각해야 합니다. 하나님께서는 좋은 열매를 맺지 아니하면 찍어 불에 던진다고 경고하셨습니다.(마3:10) 주님은 추수 때는 세상 끝이라고 하였습니다.(마13:39) 그러므로 추수감사 때는 심판을 생각하며 영혼전도의 열매를 많이 맺어야 합니다. 열매 중 제일 좋은 열매가 전도의 열매입니다.

초막절은 광야생활을 회상하며 일주일간 초막을 짓고 생활하는 절기입니다. 초막은 이 땅의 삶이 나그네임을 교훈해 줍니다. 이 땅은 나그네 길이며 우리가 가야할 목적지는 영원한 천국이라는 것을 생각하게 합니다. 우리는 모두가 이 땅에 나그네입니다. 이 땅의 집은 아무리 좋아도 초막 같은 일시적인 집에 불과합니다. 그러므로 영원한 집 천국을 바라보며 천국을 준비하며 감사절을 지켜야 합니다.

성경읽기/ 신명기 16:17에서 어떻게 감사하라고 했는지 말해봅시다.

나가는 말

감사는 하나님의 은혜에 대한 인간의 반응입니다. 어려운 환경 속에서도 감사하면 행복이 오지만 환경이 어렵다고 원망불평하면 더 어려워지게 됩니다. 성경은 복 주심을 인하여 감사할 뿐만 아니라 앞으로 복 주실 것을 믿고 감사하라고 했습니다. 감사는 기적을 창조할 뿐만 아니라 더 큰 감사를 불러옵니다. 불행할 때 감사하면 불행이 끝나고 형통할 때 감사하면 형통이 연장됩니다.

나눔의 시간

1. 오늘 말씀을 통하여 느낀 점을 말해봅시다.
2. 나는 지금 추수한다면 알곡인지 쭉정이인지 말해봅시다.

적용하기

오늘 말씀을 생활에 어떻게 적용할까 말해봅시다.

결단 및 합심기도

1. 좋은 열매, 영혼구원의 열매를 많이 맺기를 위해 기도합시다.
2. 우리 구역부흥과 전도 대상자를 위하여 기도합시다.

감사 및 알림

헌금 및 기도, 교회소식, 구역소식, 다음모임, 주기도.

제52과 기쁘고 좋은 소식- 성탄절

- 본문/ 누가복음 2:10-14
- 인사/ 반갑습니다. 사랑합니다. 주님의 이름으로 축복합니다.
- 찬송/ 115, 122장
- 신앙고백 (기도)

말씀읽기

10 천사가 이르되 무서워하지 말라 보라 내가 온 백성에게 미칠 큰 기쁨의 좋은 소식을 너희에
게 전하노라 11 오늘 다윗의 동네에 너희를 위하여 구주가 나셨으니 곧 그리스도 주시니라 12
너희가 가서 강보에 싸여 구유에 뉘어 있는 아기를 보리니 이것이 너희에게 표적이니라 하더니
13 홀연히 수많은 천군이 그 천사와 함께 하나님을 찬송하여 이르되 14 지극히 높은 곳에서는
하나님께 영광이요 땅에서는 하나님이 기뻐하신 사람들 중에 평화로다 하니라

생각하기/ 예수님의 탄생

예수님은 우리 사람들의 출생과 완전히 다릅니다. 예수님은 이 땅에 오시기 전에 이미 하늘에 계셨습니다. 하늘에 계신 예수님이 인간의 몸을 입고 이 땅에 오신 날이 성탄입니다. 예수님은 이 땅에 오시기 수 천년 전부터 이 땅에 오실 것이 예언되었습니다. 인간이 범죄한 이래 하나님께서는 인간의 죄를 없애기 위해 메시야 구원자를 보내겠다고 수없이 약속하셨습니다. 아담에게는 여자의 후손을 보내겠다, 메시야가 여자의 몸에서 태어나게 하겠다고 하셨고 미가 선지자는 메시야가 다윗의 동네에서 나실 것이라고 하셨고, 이사야 선지자는 메시아가 처녀의 몸에서 아기로 오실 것을 말씀했습니다.

말씀 속으로

1. 성탄은 크고 기쁜 소식입니다.

세상에는 큰 소식들이 종종 있습니다. 아이티가 대지진으로 수많은 사람이 죽었다는 소식이나 일본이 해일 쓰나미로 한 도시가 사라졌다는 소식 등은 큰 소식입니다. 그러나 기쁜 소식이 아니라 슬픈 소식입니다. 기쁜 소식도 있습니다. 2012년 런던올림픽에서 우리나라가 세계5위를 했다는 소식은 기쁜 소식이요 축구4강에 오른 뒤 일본을 이기고 동메달을 딴 소식은 우리나라 사람들에게는 큰 소식이요 기쁜 소식이었습니다. 또 지난 2010년 김연아가 벤쿠버 동계올림픽에서 일본의 아사다 마오를 이기고 피겨 여왕이 된 소식도 우리나라 사람들에게는 크고 기쁜 소식이었습니다. 그러나 이런 소식은 일본사람에게는 기쁜 소식이 아닙니다. 영국이나 미국사람들에게는 별로 관심 없는 소식입니다. 그러나 예수님의 오신 소식은 전 인류에게 가장 크고 기쁜 소식입니다. 이는 모든 인류의 죄 문제를 해결해 주러 오신 소식이기 때문이요 죄에 빠진 인류를 구원하러 오신 소식이기 때문입니다. 인류 역사이래 예수님이 오셨다는 소식보다 다 크고 기쁜 소식이 없습니다.

성경읽기/ 마태복음 1:21을 읽고 예수의 이름의 뜻이 무엇인지 말해봅시다.

2. 성탄은 가장 좋은 소식입니다.

세상에는 좋은 소식보다 좋지 않은 소식들이 더 많습니다. 뉴스나 인터넷이나 신문 등에는 매일 각종 사고 사건 소식들이 쏟아지고 있습니다. 세계도처에서 일어나고 있는 재난소식, 테러소식, 지진소식 전쟁, 폭력, 쿠테타 등 하루에도 수많은 좋지 않은 소식들이 전해집니다. 국내 소식 중에도 나쁜 소식, 걱정할 소식들이 더 많습니다. 초등학생들을 납치해 성폭행하고 죽였다는 소식, 교통사고로 죽었다는 소식, 아내가 남편을, 자녀가 부모를 죽였다는 소식 등 나쁜 소식들이 홍수를 이룹니다. 또 근심 걱정되는 소식도 많이 있습니다. 세금이 오른다, 기름 값이 오른다, 전기세가 오른다, 쌀값이 오른다, 집값이 오른다 등 이런 소식을 들으면 서민들에게는 기쁨보다 근심 걱정거리가 됩니다. 그런데 예수님의 나심은 모두에게 기쁜 소식이요 좋은 소식입니다. 좋은 소식이란 유익이 되는 소식을 말합니다. 예수님의 오심은 모두에게 유익을 주는 좋은 소식입니다.

성경읽기/ 누가복음 19:10을 읽고 예수님의 오신 것이 왜 좋은 소식인지를 말해봅시다.

3. 예수님은 인류에게 구원과 평화를 주러 오셨습니다.

천사들은 예수님이 오신 것은 "하나님께는 영광이요 땅에서는 기뻐하심을 입은 사람들 중에 평화로다"라고 찬양을 하였습니다. 예수님은 평화를 주러오셨습니다. 이 세상에는 많은 사람들이 서로 싸우고 죽이고 미워하며 죄악 속에서 살고 있습니다. 국가 간에도 자기나라의 유익을 위해 싸웁니다. 그리고 사람들은 무거운 짐들을 지고 고통 속에 살며 죽어갑니다. 사고로 죽고, 병으로 죽고, 늙어서 죽고, 모두 죽음을 향해 가고 있습니다. 이 땅에는 참 평화가 없습니다. 예수님은 이 땅에 평화를 주러 오셨습니다. 예수님은 고통당한 자를 고통에서 구원하시고 병든 자를 고치시고 절망 중에 있는 자에게 소망을 주시고 눌린 자에게 자유를 주시기 위해 오셨습니다. 누구든지 예수님을 믿으면 죄에서 해방 받고 구원을 얻고 평화를 얻습니다. 누구든지 예수님을 믿으면 하나님의 자녀가 됩니다.

성경읽기/ 누가복음 2:11을 읽고 누구를 위하여 구주가 나셨다고 하였는지 말해봅시다.

나가는 말

성탄의 소식은 가장 크고 기쁜 소식이요 가장 크고 좋은 소식입니다. 이는 우리를 죄악의 수렁에서 구원하러 오셨기 때문입니다. 우리를 지옥 불에서 건져내려 오셨기 때문입니다. 천사의 말을 듣고 목동들은 아기 예수님께 빨리 달려가서 예수님을 맞이하고 경배드렸습니다. 우리도 예수님께 경배 드리고 이 크고 기쁜 소식을 전해야 합니다. 그리고 다시 오실 예수님을 맞을 준비를 해야 합니다.

나눔의 시간

1. 오늘 말씀을 통하여 느낀 점을 말해봅시다.
2. 예수님의 오심이 나와 무슨 관계가 있는지 나눠 봅시다.

적용하기

오늘 말씀을 생활에 어떻게 적용할까 말해봅시다.

결단 및 합심기도

1. 성탄의 기쁜 소식을 전하며 다시 오실 주님을 맞을 준비할 것을 다짐하며 기도 합시다.
2. 우리 구역부흥과 전도 대상자를 위하여 기도합시다.

감사 및 알림

헌금 및 기도, 교회소식, 구역소식, 다음모임, 주기도.

memo

52주 신바람 구역공과 제자로 세우는 구역 3

발행일 2013년 11월 20일
2쇄 2017년 12월 29일

지은이 조종제
펴낸이 장사경
편집디자인 최복희

펴낸곳 Grace Publisher(은혜출판사)

주소 서울 종로구 숭인 2동 178-94
전화 (02) 744-4029 팩스 744-6578
출판등록 제 1-618호(1988. 1. 7)

ISBN 978-89-7917-931-6 04230
ISBN 978-89-7917-918-7 04230 (세트)